哪怕日子过得再平凡

但只要有球踢，有球看

生活就不乏激情

飞起的足球
没有轨迹

直播吧★编著

南方日报出版社
NANFANG DAILY PRESS
中国·广州

图书在版编目（CIP）数据

飞起的足球没有轨迹 / 直播吧编著. -- 广州 : 南方日报出版社, 2017.4
ISBN 978-7-5491-1590-7

Ⅰ. ①飞… Ⅱ. ①直… Ⅲ. ①足球运动－研究－中国 Ⅳ. ①G843.92

中国版本图书馆 CIP 数据核字(2017)第 048512 号

FEIQI DE ZUQIU MEIYOU GUIJI
飞起的足球没有轨迹

编　　著：直播吧
出 版 人：周洪威
出版统筹：周山丹
责任编辑：史成雷
特约编辑：张松浩
封面设计：邓晓童
内文设计：劳华义
责任技编：王　兰
责任校对：王　燕
出版发行：南方日报出版社
地　　址：广州市广州大道中 289 号
电　　话：(020) 87373998-8502
经　　销：全国新华书店
印　　刷：广东信源彩色印刷有限公司
开　　本：787mm×1092mm　1/16
印　　张：16.25, 彩插 0.25
字　　数：180 千字
版　　次：2017 年 4 月第 1 版
印　　次：2017 年 4 月第 1 次印刷
定　　价：38.00 元

投稿热线：(020) 87373998-8503　读者热线：(020) 87373998-8502

网址：http://www.nanfangdaily.com.cn/press　http://www.southcn.com/ebook

2007年对于梅西是幸运年，这一年，他在对阵皇马的比赛中独中三元，这一年，他完成了自己最广为人知的一粒进球，他也因此被视为马拉多纳的继承人，这一年，他来到了中国深圳。

（摄影　南方日报·何俊）

2006—2007赛季，C罗成为了曼联的最核心球员，也是最佳射手。而那时，他还是中场球员。2007年7月27日，C罗随曼联来到中国，参加与广州医药的友谊赛。

（摄影　南方都市报·陈辉）

2007年巅峰期的鲁尼，那年，他收获了自己的第一个英超冠军。当年7月27日，曼联来到中国，在友谊赛中3比0击败广州医药。

（摄影　南方都市报·陈辉）

2003年，巨星云集的银河战舰来到中国，与中国龙之队进行了一场友谊赛。看到面前的这些巨星，那个准备踢任意球的中国球员，你下得去脚么？
（摄影　南方日报·刘力勤）

来到中国的球星贝克汉姆、罗纳尔多、劳尔和当时的皇马主教练奎罗兹。
（摄影　南方日报·刘力勤）

齐达内与祁宏在拼抢。
（摄影　南方日报·刘力勤）

2008 年欧冠决赛，切尔西在点球大战中惜败给曼联，随后，他们来到中国广州。左边的，是蓝军功勋门将切赫，中间的是队长特里，而右边的，是当时的蓝军主教练，也是现在广州恒大的主教练斯科拉里，难道，2008 年他就爱上了广州？（摄影　南方日报·刘力勤）

2008 年欧冠决赛，兰帕德为切尔西攻入唯一进球，帮助球队扳平比分，试想，如果在点球大战中蓝军获胜，兰帕德或许就是蓝军历史上最伟大的球员。图为兰帕德在与广州医药队的比赛中。

（摄影　南方日报·刘力勤）

2004 年正在备战世界杯预选赛的中国男足。那一年，中国男足获得亚洲杯亚军，这是此后十几年中国男足的最高成就。（摄影　南方日报·刘力勤）

2013 年的恒大南美三叉戟。那年，恒大代表中国拿到历史上首个亚冠冠军，这对组合至今被认为是中国足球历史上最有实力的经典组合。（摄影　南方日报·刘力勤）

序

申方剑

足球的世界，很难懂。

我们为什么爱他爱的痴狂？又为何恨及生悲泪如雨下？

在方方正正的绿茵场上，我亲眼见证了数不清的爱恨情仇，而在赛场上制造这些的人们，我不愿称他们为足球运动员，而是梦幻般的艺术家。所以，艺术家的世界，有时候就是难懂的，不是吗？

足球又是最朴实无华的，简单到全球的亿万观众都能在同一时间，因为同一场比赛同呼吸，共命运。他有着大道至简的规则，有着一目了然的结果，我们只是常常忽略了在结果诞生之前所发生的故事。

本书有着足够的耐心去讲述，从球员到俱乐部，再到国家队，甚至连扎根在心里难言的情愫，都细细解读。由繁入简才能现群山。

解说了这么多年的足球，很多话很难浓缩到一场90分钟的比赛里，说的越多，积攒下的话就越多，总怕什么时候忘了记忆中的那些闪光，不妨跟我一同翻开第一页，一同寻找属于彼此，属于足球的那些最珍贵的回忆。

目　录

CONTENTS

❶ 足球里的那些神和祖 人物

❷ 草根与豪门的故事　俱乐部

❸ 多少荣誉，多少眼泪　国家队

❹ 可以不看球，但不能不谈球 评论

❺ 品足球，就是要不同 趣味

❻ 足球的魅力，也在于记忆和陪伴 光影

1

人物

足球里的那些神和祖

/ 梅西 /

就算没看到上帝，至少见过梅西

在2016年美洲杯阿根廷4：0大胜美国的半决赛结束之后，一名阿根廷球迷冲进了现场，与梅西热情拥抱，这之后他还对梅西跪下膜拜！如果要我给那个场景配台词，我估计会写上这么一句“在我们地球，有幸见到神，是要跪拜的。”即使我一直是个无神论者。

该用什么词语描述梅西？这些年来，似乎所有赞美之词都被球迷们用烂了，很难再出新意。有人说他简单，因为他拥有能把一切钢筋铁骨的防守都变简单的能力，他带球过人，如入无人之地，已臻化境。也有人说他复杂，因为你怎么也看不透他，你永远都不知道，下一秒他会带来怎样的惊喜。

有人说他天赋异禀，当我们找出十几二十年前的陈旧录像，无论什么比赛，最出彩的那个孩子一定是梅西。他早已习惯了优秀，无论是在同龄人中，还是面对着比他健壮许多的大孩子。也有人说，不该因为他的天赋，就忽略了他的努力。小时候因为侏儒症，他一直比同龄的孩子要矮上不少，即便如今已经功成名就，他的父亲在提到自己儿子只吃了点土豆就去练球的日子，还是会忍不住落下泪来。

扫描观看

太震撼了！梅西那些神级进球让解说员疯狂尖叫

现有的词汇甚至都不够用了，大家还为梅西发明了“犯罪式过人”“梅吹”等新词。等等，“梅吹”？我们可没吹，关于梅西的种种神奇，都是真实发生着的。

不知道有多少人和我一样，首次注意到梅西，是在

2005年世青赛，那时他18岁，虽然此前他曾在巴萨短暂登场，但是横空出世、惊艳世人这些词语放在他身上，也丝毫不过分。

世青赛冠军，金球和金靴两项大奖，梅西的光芒，开始为更多人所知。那时，巴萨的王者还是小罗，梅西常是一脸青涩地跟在他身后，满眼崇拜地看着这个来自球场死敌国家的大哥。

在巴萨的辉煌自然不必多说，梅西完美地传承了那件10号球衣，新旧交替，这是时间设置的剧情。梅西在阿根廷国家队的经历，却遍布着坎坷，有人说这是因为战术的差别，有人说这是因为阿根廷整体实力的不济，更有人直接提出，梅西只是个体系球员，离开了绕着他转的队友，他便难堪大用。

面对指责和质疑，他却只会说一句“我很好，一切都好。”其实可以看到，南非世界杯阿根廷0：4被德国屠杀，梅西只会站在场边，掩面痛哭。巴西世界杯两队再次交锋，他已经可以从容地去选择，坚强地面对失败，人都是需要成长的，2018年在俄罗斯，谁又能说我们不会看到一个更淡定、更强大的梅西?

从巴西世界杯开始，梅西连续三年带领阿根廷杀进大赛决赛，却三次折戟沉沙。2014年世界杯决赛，他已尽力，仍是难敌团队作战、士气高扬的德国队，后来他说，失去那个大力神杯，是会让他遗憾终生的一件事。2015年的美洲杯，梅西第一个站到了点球前，尽管罚入点球，却也无法阻止阿根廷的蓝色淹没在智利的红色炽烈里。2016年的美洲杯，同样第一个站在点球点前的梅西却将点球射飞，阿根廷再次倒在智利脚下，梅西延续了国家队大赛无冠的遗憾。

然而，2016年，梅西仍然以59个进球冠绝五大联赛，在很多人眼里，他仍然是这个星球上最强的足球明星。

关于贝利、马拉多纳，他们究竟有多么强大，我们只能从泛黄的照片和资料中得知，但是关于梅西，我们却是看着他成长起来的。从最初的青涩，到如今的宠辱不惊，我们忽视过，质疑过，也心疼过，支持过他。2017年他已年满30岁，正值壮年，荣誉满身，也有着未完成的梦想和不能却步的征程。未来还有很多可能，我们可以相信，他已经有了足够的心智和能力，去挑战一切。

可能你对梅西并不感冒，可能你并不喜欢他的风格、他的球队，但是不可否认，梅西，早已成为我们这个时代的标志之一。想一下，有多少人因为他爱上足球，又有多少人因为他的征程，在颓败失望的时候，还能挺起斗志为自己加把劲，这样的梅西，应该也会给很多人带来力量吧。

梅西，对于我们这些平凡的地球人来说，此生或许没看过上帝，但是无比幸运，见过你。

/ C罗 /

20年最佳？或许有点道理

2016年，金球奖与世界足球先生两个奖项在合并六年后再次分离，谁将拿到分离后的首个金球奖和世界足球先生也备受瞩目。

虽然这次金球奖在颁奖之前已经毫无悬念了，但是我们还是在深夜静静地等待着官方的消息，只为官方宣布那一刻的欢呼。

终于在2016年12月13日凌晨，法国足球官方宣布，2016年的金球奖得主是皇马当家球星克里斯蒂亚诺·罗纳尔多！恭喜总裁！这是葡萄牙巨星生涯第4次赢得金球奖，此前他分别于2008年、2013年以及2014年获得金球奖。

2017年1月10日，国际足联年度颁奖典礼在瑞士苏黎世举行，C罗再次力压梅西，成功当选世界足球先生。

对于C罗来说，虽然这不是个人表现最好的一年，在个人层面C罗2016年打进了55球，这样的表现相对于其他球员来说已经是神级表现了，只不过对于葡萄牙人来说确实很平常。

但2016年绝对是C罗成就最为圆满的一年。在俱乐部层面，他帮助球队拿到了历史上第十一座欧冠奖杯；在国家队层面，带领球队拿到了国家队历史上第一座欧洲杯冠军奖杯。

扫描观看
无所不能！C罗十大不可思议进球

C罗本人在之前接受采访时也表示：“就获得的冠军而言，这大概是我职业生涯中最好的一个赛季，在赢得了欧冠冠军之后，接着又赢得了欧洲杯冠军，这真是特殊的一年。”

“这是集体荣誉和个人荣誉丰收的一年，因为我是欧冠联赛的最佳射手，而且在欧洲杯表现也不错，这对我说真是极其精彩的一个赛季。”

最终C罗也凭借着这样的表现和荣誉如愿拿到了2016年的金球奖，祝贺C罗！祝贺我们的总裁！

C罗出道于里斯本竞技，成长成名于曼联，辉煌于皇马，在这样特殊的时刻，三家俱乐部都为葡萄牙人送上了祝贺，满满的骄傲。

C罗如愿拿到了属于自己的第四座金球奖，转眼间，2017年他已经32岁了，也已经不再年轻，不能再像年少时那样风驰电掣，上演过人如麻的好戏，不过他依旧保持着自己的勤勉，努力去帮助球队。

2016年对于C罗来说堪称是完美的，带领俱乐部和国家队夺得了两座最重要的冠军，跟俱乐部和耐克都签下新的合同，而且还找到了新的女朋友，现在又捧起了金球奖，嗯！完美！

C罗对此次获奖表示：“对我而言，第四次夺得金球奖是莫大的荣誉。现在感觉就和第一次获奖时一样，一个梦想又被实现了。此前我从来没想过能够四次获得金球奖，此刻我非常开心。”

“我要借此机会谢谢我所有的队友们，无论国家队还是皇马的队友。我为有这样的队友感到十分骄傲，也非常兴奋。如果皇马或者葡萄牙没能夺得冠军，那我也很难获得金球奖，对我而言团队是重要的。”

木秀于林，风必摧之。行高于人，众必非之。对于性格孤傲的总裁来说，他一直以来都承受着很多非议。但不论是球迷的误解，还是媒体的恶意，他不曾有半点退却。

从老特拉福德到伯纳乌，C罗一直在书写着属于自己的神话。他是红魔球迷深爱的曼联7号，也是美凌格心中的伯纳乌之王，他从一次次的跌倒中爬起来，从来没有放弃过努力前行。

2016年的足坛属于一个名为克里斯蒂亚诺·罗纳尔多的三旬老汉！年近32岁的C罗这次是足坛历史上第二老的获奖者。在大家都以为2014年是他最后一次获得金球奖的时候，他用自己偏执的努力告诉球迷，尤其是天天批评他的球迷“你们想多了”。恨他的人很多，但是远不及爱他的人多，因为他就是C罗。

再次祝贺C罗！我们的克里斯蒂亚诺·罗纳尔多！虽然他的4座金球奖离梅西的5座还差1座，但带领实力并不算太强的葡萄牙拿到欧洲杯冠军以及在两支不同的球队拿到金球奖的经历，却是梅西无法企及的。将C罗称为20年最佳，或许并非全无道理。

世界五彩，我执纯白，Hala Madrid！克里斯蒂亚诺走过的路，是我们的青春。我们惧怕时间，因为害怕岁月侵袭；但我们也感谢时间，有幸见证了他一路以来的美好与悲苦。岁月，你慢点走啊！我们从来看不够……

/ 内马尔 /

承受应该承受之重

1950年世界杯决赛在马拉卡纳体育场举行，有19万巴西球迷现场见证了自己的球队2：1被乌拉圭逆转，史称马拉卡纳惨案，整个体育场在终场哨响起那一刻陷入了死寂，国际足联主席雷米特不得不腋下夹着金杯，在没有国歌、没有颁奖仪式的情况下将它交给了乌拉圭队。

2014年巴西本土再次迎来世界杯，他们在半决赛被德国战车7：1碾压，2016年百年美洲杯，巴西49年来首度未能小组出线……因此2016年在本土举行的奥运会上夺冠对于桑巴军团意义非凡。

赛前，球迷们谈论着复仇德意志。在这样一场被诸多社会问题包围着的里约奥运会上，男足决赛吸引了全体巴西人的目光。最终，巴西队经过艰难的点球大战6：5战胜德国获得冠军，历史上四进奥运会决赛首度折桂。在决赛中，内马尔无疑是巴西队最具决定性的球员，他不仅在常规时间打进了巴西队唯一的进球，而且在点球大战中罚进了制胜球。罚进点球后，内马尔双膝跪地，泪如泉涌，现场78,000名球迷齐声高唱“冠军回来了”，当晚的气氛宣告了桑巴军团王者之气的回归。

扫描观看

内马尔至今二十大逆天进球 神级挑球&半场奔袭

打破魔咒

2014年的那场惨败，内马尔因伤并未出阵，但他同样背负了巨大压力，始终面临着一些诸如“巴西队到底怎么了，会不会一蹶不振”这样的问题。

赛前，两队主帅都在试图把比赛与2014年的那次区别开来，指出各自阵容里没有一位2014年世界杯时出阵的球员。

但是马拉卡纳体育场的球迷却并不这么看。“那是一场噩梦，我们必须复仇。”“巴西队已经今非昔比……”

在内马尔打进一球后，乐观的情绪弥漫在巴西球迷当中。但当德国队梅耶尔打入扳平一球后，气氛有了一丝不对，有人开始回忆2014年那场比赛的惨状。三次奥运会决赛折戟也不能让球迷感到放心，在巴西队一次次浪费机会时，球迷在看台上发出了阵阵叹息。

因此在内马尔顶住全世界的压力，冷静将球打入蒂莫霍恩的球门时，整个体育场沸腾了，那是一种积压已久的怨气的释放，主场不夺冠的魔咒就此被打破。

内马尔在国家队正名

2014年缺战的内马尔依然承受了巨大的痛苦，在本届奥运会上，他要带领着桑巴小将们争夺冠军，同时这也是他的疗伤和自证之旅。

这是一位跟随巴塞罗那尝尽胜利的球员，但就像俱乐部队友梅西，他也没有带领自己的国家队夺得锦标。作为队长，也是超龄球员，这一次，他证明了自己的超凡领导力，出现在球场的每一寸草皮，在前场攻城拔寨，在后场勤奋防守。

他的努力让他在半决赛对阵洪都拉斯15秒就建功，创造了奥运会历史最快进球纪录，之后又在决赛里鼓舞着队友坚持到比赛的最后一秒，并亲自封杀对手，站在了成功的巅峰。

在政治动荡，足球也日渐消沉的时候，巴西人需要一个绝对巨星来领导他们的复兴之旅，这一役，24岁的内马尔一战封王，在巴西足球青史留名。

“我只想着一件事，那就是我必须做这件事，”内马尔赛后说道，“我实现了我的梦。”

里约需要的花火

相对于此前外国旅游者和媒体对寨卡病毒的担忧，巴西民众面对的问题要严重得多。

财政赤字、政治动荡和对未来的不确定性给里约奥运会蒙上了阴影，许多当地人质疑，举办奥运会的劳民伤财是否值得。

门票甚至高于巴西的月最低工资，这让奥运会看起来更像是为外国游客、媒体和里约的有钱人办的。体育场里的上座率也反映了这一点，除了巴西人喜爱的一些传统项目，大量的比赛，看台上都是大片空座。即使在巴西人有夺牌希望的比赛里，上座率跟足球也无法同日而语。

最初，惊喜来自不被看好的项目上，拉非拉·席尔瓦在女子柔道上为东道主拿到首金，巴西人涌上街头欢呼庆祝，然后是拳击手康塞卡奥和撑杆跳选手提亚哥·达席尔瓦又夺两金。

马丁格雷尔和昆泽在49人级帆船项目又进一金，朋友们和家人都跳到了水里和他们一起庆祝，最后冠军被连他们的帆船一起抬到了沙滩上。

然后是传统优势项目，沙排，塞鲁蒂和施密特不负众望，拿下金牌。

男足呢？大家都知道，这是分量最重的一块金牌，结果内马尔一蹴而就，许多巴西人认为他们是本届奥运会的赢家，仅仅因为这一块奥运会男足金牌。这就是足球在巴西的力量。而内马尔，无疑也成了巴西人心目中最受崇敬的英雄。

/杰拉德/

如果时光可以逆流

如果时光可以逆流，你会发现，杰拉德的故事，依然是一段绝世传奇。从老将回到小将，从2016年回到1998年，这段来时路，重新再走过。走过你来时的路，走过我们来时的路。在这条路上，杰拉德永不独行。

如果故事倒叙，应该是这样。小将杰拉德出生于利物浦，他在17岁时与利物浦签订了第一份职业合同。在被球队租借至洛杉矶银河队一个赛季后，杰拉德凭借出色的表现被球队召回。代表利物浦的处子赛季，杰拉德发挥出色，占据了球队的主力位置。随后一个赛季，年轻的杰拉德成为了利物浦的中场核心，随利物浦向冠军发起冲击，可惜关键一战，年轻的杰拉德意外滑倒，利物浦在争冠路上被曼城反超，功亏一篑。杰拉德的生涯开端，惊艳却又悲情。

随后杰拉德与队友们重整旗鼓。他们迎回了国王达格利什，杰拉德终于随球队传奇一起捧起了他的第一座奖杯，英格兰联赛杯的冠军奖杯。当利物浦又迎来战术大师贝尼特斯，他们终于重返欧冠，虽然结局依然是小组出局。但随后一个赛季，利物浦与曼联上演了精彩的争冠大战，利物浦最终失败，杰拉德则当选PWA最佳球员。这个赛季里，他们在欧冠与切尔西上演了精彩的4：4，拉开了欧冠中持续上演的红蓝决序幕。

扫描观看

退役？杰拉德利物浦生涯高光回顾

杰拉德随利物浦走上了这条欧冠征服之路。他们在连续两个赛季中被切尔西淘汰后成功复仇，经过半决赛的点球大战后杀进欧冠决赛，最终遗憾地以1：2负于AC米兰。随后一个赛季，杰拉德在足总杯决赛中用一脚远射拯救利物浦，率领红军捧起足总杯冠军。接下来一个赛季的欧冠比赛中，杰拉德先是在利物浦濒临欧冠小组出局时用一脚远射拯救球队，后来又在决赛的绝境时率先吹起反攻的号角，利物浦在决赛中逆转AC米兰，杰拉德的利物浦生涯达到了最辉煌的顶点。

当杰拉德成为老将，他的利物浦生涯在霍利尔的带领下迎来了又一个巅峰，联赛杯、足总杯、联盟杯、社区盾杯、欧洲超级杯，杰拉德与利物浦成为了杯赛五冠王。可惜，在最后一个冲击联赛冠军的赛季，他们依然失败了。在辉煌与遗憾的交织中，终于在1998年11月29日，时光回到了原点。如果时光可以倒流，如果一切只如初见，你依然是场边那个来时的少年，那该多好。

如今距离那一天，已经19年了。19年，写下一段传奇。19年，刻下一个忠魂。前18年，你是利物浦的孩子，是利物浦忠实的追随者。随后19年，你是利物浦的王，是利物浦忠诚的守护者。接下来的19年，你又能否成为利物浦的帅，为利物浦再建一个王朝？你说你为曾效力利物浦而自豪，利物浦也为曾拥有你而骄傲。而这种骄傲与自豪，也是每一个杰拉德和利物浦的球迷曾经拥有的。

再回首这段往事，再回首这段传奇，看似充满遗憾，其实已经没有遗憾。如果你曾在自己最好的青春里遇见过最爱的最好的杰拉德，如此青春，夫复何求？他的确从未有过联赛冠军，世间从不缺乏荣誉等身的满贯球员，他们拥有的是奖杯，杰拉德拥有的却是一座城。奖杯每年都有，城只有这一座。荣誉每年都有，城只在这一生。当时光沉淀了历史，当往事渐渐被尘封，后人已经忘记了曾有谁夺得过联赛冠军，却记得在利物浦这座城市，有一个名叫史蒂夫·杰拉德的王，他是这里的旗帜和图腾，他是这里永远的队长和忠魂。

从未漂泊，永不独行，利物浦是杰拉德永远的家。当他用所有的青春来捍卫这座城，当他将所有的一切奉献给这里的人，这种完美，奖杯难换。而如果你曾用所有的青春陪伴他一起走过这条路，见证他成为这里的王，这样的青春，也应无悔。

对于杰拉德和所有杰拉德球迷来说，退役不是一段传奇的结束，而是另一段传奇的开始。杰队的传奇故事暂时告一段落，杰帅的传奇故事也许就要开启了。你可曾幻想过这样一幕：当镜头给向利物浦的替补席，主帅克洛普在和他的助手杰拉德商议着对策。杰拉德西装革履，向利物浦的场上队长亨德森面授机宜。“利物浦队，最后的机会，外围一脚远射！这球进啦！亨德森！一脚石破天惊的远射！这是一脚杰拉德式的远射！利物浦的场上队长亨德森跑到场边，与利物浦永远的队长杰拉德拥抱，这是属于两代利物浦队长的时刻！”

让我们再次随着这条时间轴，随杰拉德从过去回到现在，再去往那最美好的未来吧。

1980年5月30日，杰拉德出生于利物浦的惠斯顿。

1989年，杰拉德加入利物浦少年训练营。

1997年11月5日，杰拉德和利物浦签下了第一份职业合同。

1998年11月29日，杰拉德在与布莱克本的英超比赛中上演利物浦首秀。

1999年12月5日，杰拉德在与谢周三的英超比赛中完成利物浦处子球。

2001年5月16日，杰拉德破门，利物浦在联盟杯决赛中以5：4击败阿拉维斯，当赛季成为杯赛五冠王。

2003年10月15日，杰拉德取代海皮亚成为利物浦队长。

2004年12月8日，杰拉德神奇远射，利物浦逆转奥林匹亚欧冠小组出线。

2005年5月25日，杰拉德导演了欧冠历史上最伟大的伊斯坦布尔奇迹之夜。

2005年7月8日，杰拉德在转会的旋涡中与利物浦续约。

2006年4月25日，杰拉德被评为英格兰PFA最佳球员。

2006年5月13日，杰拉德在卡迪夫城的足总杯决赛中远射救主。

2007年5月24日，杰拉德与利物浦在欧冠决赛中以1：2负于AC米兰。

2008年10月19日，杰拉德在与纽卡的比赛中完成利物浦生涯百球里程碑。

2009年3月10日，杰拉德在利物浦4：0大胜皇马的比赛中完成欧战百场里程碑。

2009年5月13日，杰拉德被评为英格兰FWA最佳球员。

2012年2月27日，杰拉德捧起利物浦球员时代的最后一座冠军奖杯——联赛杯。

2012年3月15日，杰拉德在利物浦同城德比戴帽，完成利物浦队长400场里程碑。

2013年10月19日，杰拉德英超100球里程碑。

2014年4月27日，杰拉德滑倒。

2015年4月25日，杰拉德英超500场里程碑。

2015年4月27日，杰拉德获得PFA终身成就大奖。

2015年5月16日，杰拉德告别安菲尔德。

2016年11月24日，杰拉德退役。

某年某月某日，利物浦官方宣布，史蒂夫·杰拉德加入利物浦教练组。

某年某月某日，利物浦官方宣布，史蒂夫·杰拉德成为利物浦新任主帅。

/鲁尼/
他究竟是一个怎样的巨星

2017年1月21日，鲁尼在对阵斯托克城的英超比赛中在读秒阶段打进了一粒精彩绝伦的任意球，在帮助红魔艰难地带走一分的同时，也创造了自己的一项辉煌，此役，他打破了博比·查尔顿尘封近半个世纪的纪录，以250个进球成为了红魔历史第一射手。

2016年9月5日凌晨的2018世预赛欧洲区英格兰与斯洛伐克的比赛中，韦恩·鲁尼首发并担任队长，他也创造了一项新的纪录，那就是超越贝克汉姆的115场，以116次国家队出场成为了英格兰非门将位置出场次数最多的球员。在英格兰历史出场次数排行榜中，他也仅次于英格兰传奇门将彼特·希尔顿的125场。鲁尼此前已经表示，他将在2018年世界杯后退出英格兰国家队，如果一切顺利，鲁尼很可能成为英格兰历史出场第一人。

而2015年，鲁尼还超越博比·查尔顿，成为英格兰历史第一射手。鲁尼在2017年已年满31岁，他已经成为英格兰非门将历史出场第一人兼英格兰历史第一射手，而且还曾创造过英格兰国家队最年轻出场纪录（后被沃尔科特打破）、英格兰国家队最年轻进球者、欧洲杯历史最年轻进球者（后被冯兰唐打破）等纪录。这样的韦恩·鲁尼，是传奇吗？

扫描观看

超越纪录！鲁尼曼联精彩进球瞬间剪辑

在不少人眼里，他依然不是传奇。因为英格兰近20年来的大赛战绩几乎成为一个笑话，而鲁尼征战大赛的历史，除了2004年欧洲杯初出茅庐打进4球的惊艳，此后几届都状态平平。2006年世界杯恶意踩踏染红，2010年世界杯颗粒无收还与球迷对骂，2012年欧洲杯打进一球此前还因恶意犯规停赛两场，2014年世界杯才收获赛事首球，球队也提前出局，2016年欧洲杯担任队长打进一球，但球队止步1/8决赛。世界大赛在一个球星的评价体系中占据非常高的权重，梅西、C罗尚且因此而影响足坛地位，以此而论，鲁尼的足坛地位似乎该另当别论了。

随着近些年状态的下滑、位置的改变，鲁尼在球场上的数据也越来越平淡。在看球不超过三年的球迷中，鲁尼的确很难得到太高的评价。相反，因为他的名气，鲁尼反而成了段子手们调侃的对象。他的头发，他的身材，他与史莱克的撞脸，都让他“沦陷”在了段子里。很可惜，很多人错过了鲁尼最好的年华。

所有曼联球迷都应该记得这句话：“家有鲁小胖，福气又安康！”这应该是詹俊在2012—2013赛季首回合曼市德比鲁尼梅开二度时说的。这句话也在后来被曼联球迷津津乐道，因为鲁尼在本场比赛中成为曼市德比的曼联第一射手，也加冕英超最年轻“150球俱乐部”成员。鲁尼还曾在2010—2011赛季的次回合曼市德比中打进经典倒钩绝杀，这粒进球也被评选为英超20年最佳进球。德比杀手的本色让鲁尼成为梦剧场的宠儿。

鲁尼留给曼联球迷的美好记忆太多太多。从16岁在太妃糖暴击枪手一战成名，18岁加盟曼联开启梦幻之路，欧冠首秀上演帽子戏法，19岁生日传射终结枪手49场不败，连续两个赛季当选PFA最佳年轻球员，21岁随曼联拿到英超冠军并且开启三连冠，22岁随曼联登顶欧洲之巅，23岁完成曼联百球，24岁包揽PFA双料最佳，25岁打进惊天倒钩，26岁打进职业生涯最高的英超27球，27岁完成曼联200球，29岁成为英超历史第二射手，31岁成为曼联历史第一射手。尽管鲁尼曾多次陷入转会风波，但他最后都留了下来。鲁尼已经加盟曼联13年，随队拿到了1次欧冠冠军、5次英超冠军、1次足总杯冠军、4次联赛杯冠军、4次社区盾冠军、1次世俱杯冠军。他已经成为红魔的传奇。

纵观鲁尼16年来的职业生涯，将他定义为“最好的二当家”再合适不过。刚到曼联，他要辅助范尼。双子星时代，他要辅助C罗。C罗离开后，他当了三个赛季的王牌。随后范佩西到来，鲁尼又开始辅助罗宾侠。此后是少年老成的马夏尔，如今又是不可一世的大伊布，鲁尼几乎一直在扮演辅助者的角色，成为红魔的最佳绿叶。而恰恰是C罗离开、范佩西加盟之间的那三个赛季，鲁尼达到了生涯巅峰。

2009—2012，这三个赛季的鲁尼是最高光的。那时的鲁尼与梅西、C罗、卡卡并称四大天王，巅峰期丝毫不逊梅罗。在此期间，鲁尼先后完成曼联100球和英超150球的里程碑，当选PFA双料最佳，入选FIFA年度最佳阵容，帮助曼联再次杀进欧冠决赛，帮助贝巴加冕英超金靴，帮助曼联超越利物浦加冕英伦之王。作为大当家，他独当一面。作为二当家，他任劳任怨。拥有这样的鲁尼，曼联球迷怎能不“福气又安康”呢?

虽然爵爷退休后，鲁尼的神奇光环渐渐消弱。但是他的位置在不断退后，从伪9号过渡者变成10号位的组织者，甚至在欧洲杯拖后成为了后腰位置上的调度者。年龄的增长，数据的下滑，无法掩盖鲁尼在长传调度方面的进步，可惜这一切难以用数据去衡量，因为大家还习惯以前锋的视角去衡量鲁尼，殊不知他正在悄悄蜕变。在阿勒代斯执掌英格兰国家队时期公布的其中一期国家队大名单中，鲁尼被归到了中场行列。

曾经的鲁尼是一个神魔同体的双面侠，他脾气暴躁，却又进球如麻。如今成熟的鲁尼越来越低调，也越来越远离最高光的评价。在与斯洛伐克队的比赛后，鲁尼说：“赛前我认为自己的位置会更靠前，不过无论如何，踢拖后中场我也适应得来。”当大家把他当作前锋，指责他射术不精时，他已经在做一些中场该做的事情。因为鲁尼老来是块砖，哪里需要哪里搬。

伊布曾夸赞鲁尼：“我很多年前就说过，鲁尼对前锋来说是完美的搭档，因为他不仅仅是在为自己进球而打比赛，实际上鲁尼始终在为锋线搭档乃至整个球队而战斗。我非常开心和鲁尼并肩作战，他有一个完美的生涯，每一年都保持顶级，对年轻球员来说，鲁尼是学习和追随的榜样。”这可谓是对鲁尼最中肯的评价，更何况出自一向傲慢的伊布之口。

穆里尼奥的曼联众星云集，曼联球迷也对鲁尼是否应该首发分成了不同的派别。有人认为鲁尼状态下滑，应该让位担任替补。有人认为鲁尼正在发挥更多战术作用和领袖作用，他依然是这支磨合中的曼联不可缺少的一部分。鲁尼是否该首发，这是穆帅该考虑的事。至于鲁尼是个怎样的巨星，答案也很明朗了。那就是不管怎样，鲁尼都是巨星。见证巅峰时期的鲁尼，是所有球迷的幸福。而拥有任劳任怨的鲁尼，是所有曼联球迷的幸福。

/ 哈姆西克 /

低调之王，沉默之诚

这个世界上有很多种忠诚。忠如马尔蒂尼，家族传承，红黑血统。忠如萨内蒂，异国为乡，重塑辉煌。忠如托蒂，生于罗马，守护罗马。忠如“布拉德皮特”，纵然降级，不离不弃。还有一种忠诚，是哈姆西克，生于足球小国，效力中上游球会，没有荣誉等身，没有声名显赫，没有波澜壮阔的史诗，没有可歌可泣的故事，只有默默坚守，似水流年。

哈姆西克已经年满30岁，即将步入老将的行列。回首哈姆西克的职业生涯，我们可以给他贴上两个标签：斯洛伐克王牌、那不勒斯领袖。

哈姆西克在13年前就离开家乡，远走亚平宁，当时17岁的他被布雷西亚签下，在随队征战了一个赛季意甲和两个赛季意乙后，2007年6月28日，那不勒斯官宣以550万欧元的转会价格与当时尚不满20岁的哈姆西克签约5年。从此，一份沉默的坚守，一段忠诚的故事，就在那不勒斯城书写。

扫描观看

意甲第一中场！哈姆西克赛季精彩剪辑

在那不勒斯的10年，哈姆西克逐渐成为这里的攻击核心，这里的精神领袖，他率领那不勒斯夺得了2011—2012与2013—2014赛季的意大利杯冠军，以及2013—2014赛季的意大利超级杯冠军，并两获意甲亚军，两获意甲季军。在欧战舞台，哈姆西克与那不勒斯也留下了欧冠1/8决赛遭蓝军大逆转、欧冠小组赛12分仍出局、欧联杯半决赛遭黑马爆冷的遗憾。

这几年来，那不勒斯始终位居意甲前列，连续6个赛季排名意甲前五，却终究无法撼动老妇人的霸主地位。2015—2016赛季他们异军突起一度领跑，却在冲刺阶段掉队，最终功亏一篑。那不勒斯的攻击大将也先后离开，卡瓦尼走了，拉维奇走了，因勒走了，伊瓜因走了，只有哈姆西克依然坚守在这里。他希望复制当年马拉多纳的奇迹，哪怕难于登天。

哈姆西克曾不止一次表达过他对那不勒斯的爱。尤其是2011—2012赛季，他的进球帮助那不勒斯在意大利杯决赛中以2：0击败联赛不败的尤文图斯，夺得了球队22年来的首座冠军奖杯，更是个人职业生涯的首座冠军奖杯时，他就表达过希望终老于那不勒斯的愿望。“我和这座城市之间有着特殊的爱，我可能永远都不会转会。”“那不勒斯是我的第二故乡。”一份终老的合同，一段美丽的童话，也许就会在不远的将来实现。

在斯洛伐克，哈姆西克也随这个1992年才独立的国家不断创造历史。他19岁完成首秀，22岁戴上队长袖标，率队历史性首次杀进世界杯。南非世界杯上，年仅23岁的哈姆西克作为32强中最年轻的队长，出战4场，率队杀进16强。2015年的欧洲杯预选赛，哈姆西克打进5球，率领斯洛伐克历史性首次杀进欧洲杯，并在法兰西实现杀进16强的壮举。

迄今为止，哈姆西克的荣誉簿上，只记录着这些荣誉：

5次斯洛伐克足球先生；

2次意大利杯冠军；

1次意大利超级杯冠军；

率斯洛伐克历史上首次杀进世界杯，首次杀进16强，4场1助攻；

率斯洛伐克历史上首次杀进欧洲杯，首次杀进16强，4场1进球1助攻。

哈姆西克是那种典型的实力超过名气的球员，他被誉为“内德维德二世”“超级赛亚人”，被很多人认为是这些年的意甲第一中场。这些年来，尤文追过他，国米瞄过他，米兰爱过他，蓝军传过他，皇马挖过他，曼联抬过他，但他都没有走。以哈姆西克的能力，他完全有可能登陆一家豪门，收获更多的奖杯和荣誉。但是爱上一座城，便是一种永恒。10年来，哈姆西克已经为那不勒斯出场超过400次，仅次于511次的布鲁斯克罗蒂和505次的尤利亚诺，排名历史第三。他要成为那不勒斯的传奇，其实他已经是那不勒斯的传奇。

沉醉地中海的湛蓝，迷恋拿波里的古典，不舍圣保罗的欢呼，守护17号的忠诚。

这就是哈姆西克。孤守一座城，默守一份诚。

本泽马

不只是第一网红！他真被低估了

2016年欧洲杯，有一个人没有参加，却霸占了各大评论区，逆袭成为第一网红。所有的网友都在做着同一道论证题，那就是如何把任意一条新闻通过符（dong）合（pīn）逻（xī）辑（cōu）的方式得到一个结论——“都赖本泽马”！

“都赖本泽马”的梗实在太火，以至于有些人都看到吐了。这的确赖本泽马，谁让你这么红，这么有槽点呢？但网红们往往会面对一个困扰，那就是段子手属性太强，自身强大的实力反而被掩盖。至少别人想起他，第一反应是，那个谐星，那个段子手。傅园慧是典型，本泽马也是典型。

不同于突然爆红的傅园慧，靠表情包征服网友；也不同于同行巴洛特利，靠不同寻常的奇葩征服网友。本泽马很被动地一步步走向网红，他在球场外是非不断，先给自己揽下了几口锅，慢慢地大家觉得他背锅侠的属性毫无违和感，干脆把锅一个个地扔给了他。在皇马，进球有C罗，突破有贝尔，BBC中本泽马身价最低，星味最淡，更多地开始以段子手的身份出现。

扫描观看

冲锋陷阵！本泽马赛季最新全方位集锦

自本泽马2009年加盟皇马以来，皇马就一直传着买其他前锋的消息，可是8个赛季以来，本泽马几乎坐稳了首发中锋的位置。但是因为有C罗在，因为有高身价高颜值的队友不断加盟，本泽马的实力被严重低估。纯粹从足球角度来看，本泽马究竟在足坛处在一个怎样的位置？他究竟是一个什么级别的中锋？他跟苏牙、莱万、伊布、伊瓜因们比究竟如何？我们不便妄加判断本泽马是世界第几，但是如果说本泽马处在世界最顶级的中锋行列，没谁敢不服吧？

简单列举几个本泽马值得赞叹的数据吧。

他曾3次入选FIFA金球奖23人候选；

他曾3次获得法国足球先生；

他曾创造23秒的国家德比最快进球纪录；

他是皇马史上出场次数最多的法国人；

他是欧冠历史第九射手；

他是皇马队史第十射手；

他是现役欧冠第四射手；

他是皇马队史第四欧冠射手；

他是欧冠小组赛历史第七射手；

他是欧冠历史上没进过点球的球员中进球最多的；

他是欧冠历史上首位两次上演“完美帽子戏法”（左右脚和头球各进1个）的球员；

他在皇马连续6个赛季进球20+；

2015—2016赛季，他在西甲中出场27次打进24球，效率惊人；欧冠中出场9次打进4球。他多次上演关键进球，有统计显示，如果从进球对比赛的重要性来看，他甚至比C罗还要重要。

2016—2017赛季，他曾在2016年12月至2017年1月5场比赛中取得6球2助的数据，其中包括欧冠小组赛上2：2多特蒙德的梅开二度，世俱杯决赛对阵鹿岛鹿角的传射，国王杯3：3战平塞维利亚最后时刻的扳平进球，是皇马取得40场不败纪录的最大功臣之一。

…………

最后，我们看看本泽马在2016年欧洲超级杯赛前的采访（魔性脑补）：

——“本泽马，你现在已经是足坛第一网红了。”

——“第一网红？嚯——”

——“你还不知道你是第一网红吗？”

——“我以为是吉鲁！嚯——我有这么红？我很满意！”

——“你在背锅的时候有所保留吗？”

——“没有保留！我已经——我已经——用了洪荒之力啦！”

——“其实我们知道——先把锅放放——其实我们知道这一年你背了特别多的锅，能走到第一网红真的很难。你觉得现在红得够不够？”

——“已经是第一网红了，足坛，我就假期这三个月，去做一个拔罐。鬼知道我背了多少锅，真的太辛苦了。我有时候感觉，我快被压死了，一个一个锅压得我生不如死啊。但是能赢得第一网红这个地位，我还是——我还是心满意足啦！”

——“今晚欧洲超级杯C罗和贝尔都不上，是不是对这口锅充满期待？”

——“没有，我的锅已经够多啦！”

马赫雷斯

玩魔术的梦想家

在2016年4月24日莱斯特城狂胜斯旺西之后，他们迎来了一个天大的喜讯：无欲无求的西布朗逼平了热刺。于是，英超冠军的谜底最终水落石出。联赛还剩3轮，莱斯特城把对热刺的领先优势扩大到了7分，离最终的夺冠庆典只剩下一步之遥。

而在之前一周，一项属于莱斯特城的荣誉已经揭晓。继范佩西、贝尔、苏亚雷斯和阿扎尔等人之后，莱斯特城球星马赫雷斯摘得了PFA（英格兰职业球员联盟）赛季最佳球员的殊荣。这位大放异彩的阿尔及利亚人，在2015—2016赛季，带领狐狸城，以赛季开始高达1赔5000的夺冠赔率，夺得了俱乐部建立132年来第一座顶级联赛冠军，创造了世界足坛21世纪最大的一个奇迹。

所有人都能确定的是，如果没有神勇的马赫雷斯，莱斯特城就必然不会书写出如此恢宏的神话。那么，是怎样的过往塑造了这位草根球星，而他又给这支球队带来了怎样惊人的能量？

从半职业联赛到英超殿堂，瓦尔迪的传奇经历已经传遍了街头巷尾。然而与他相比，马赫雷斯的故事也同样励志。1991年，马赫雷斯在法国出生，他的父亲则曾是一位业余球员。虽然15岁时就遭遇了丧父之痛，但是马赫雷斯还是选择了投向绿茵的怀抱。

2011年，马赫雷斯拒绝了大巴黎和马赛的橄榄枝，随后加盟了法乙联赛的勒阿弗尔队。在预备队接受了短

扫描观看

续约蓝狐！马赫雷斯赛季个人劲爆集锦

暂的磨炼后，马赫雷斯很快就在一线队崭露头角。各项赛事出战67场并打入10球的数据让他吸引了来自英伦的目光。2014年1月，尚在英冠打拼的莱斯特城以不到40万英镑的转会费，就将马赫雷斯招致麾下。

2014年6月，刚刚帮助新东家冲上英超的马赫雷斯随阿尔及利亚队出征世界杯，不过在巴西的赛场上稍显青涩的他只捞到了1次出场机会。而在2014—2015赛季的英超联赛中，马赫雷斯出场30次，并收获了4粒进球和3记助攻。

而在2015—2016赛季，百炼成钢，利剑出鞘——马赫雷斯迎来了令世人瞩目的大爆发。

2015—2016赛季，马赫雷斯在联赛中收获了17粒进球和11记助攻——除了他之外，英超再也没有哪个球员能交出进球和助攻“两双”的成绩单了。这或许也是他得以击败瓦尔迪、凯恩和厄齐尔等竞争对手，将最佳球员的奖杯揽入怀中的重要原因。

在拉涅利的战术体系之中，马赫雷斯完全是如鱼得水。意大利老帅防守反击的理念对前场进攻手的速度和单兵作战能力提出了很高的要求，而马赫雷斯正是他手中一颗相当重要的棋子。

当球队需要由守转攻，策动高效的快速反击时，马赫雷斯是最值得信赖的一个接球点。在右后卫辛普森将整条右路走廊的防守几乎一肩挑的前提下，马赫雷斯就拥有了很高的自由度。反击中的马赫雷斯，善于用精湛的脚下技术撕开对手的防线，盘带更是他的拿手好戏——2015—2016赛季，他场均3.5次的过人次数高居英超第二。

而作为一名擅长左脚的球员，大多数时候马赫雷斯则出现在右边前卫的位置上，这就让内切后的打门成为了他的一项常规武器。而在17粒联赛入球中，马赫雷斯用左脚攻入了其中的13粒。

实际上，马赫雷斯的射门能力相当突出。在2015—2016赛季还剩三轮的情况下，马赫雷斯就已经完成了81脚打门，这个数字在英超所有球员里能够排在第12位。而且，马赫雷斯有64%的射门能够命中门框范围之内，在射门超过50脚的47位球员中，只有桑德兰老将迪福的射门命中率比他还要高。

另一方面，就像足球网站Outside of the Foot专栏作家罗斯·伊顿曾经提到过的那样，“此前马赫雷斯的传球能力被大大低估了”。虽然73%的传球成功率还有一定的提高空间，不过在莱斯特城这支不求控球率，而重视空间利用的球队中，马赫雷斯灵活的跑位足以让他的传球串联起全队的进攻。

2015—2016赛季联赛第35轮结束之后，马赫雷斯已经为队友创造了52次机会，在队中仅次于阿尔布莱顿。

对于马赫雷斯，阿森纳主帅温格没有吝惜自己的溢美之词，他曾称马赫雷斯是“英超历史上的最佳引援”。尽管巴塞罗那、曼联和多特蒙德等队都与马赫雷斯传出过绯闻，但是在眼下，他所想的只会是与队友们一鼓作气，将美梦幻化为现实。

在一次采访中，马赫雷斯坦言，成为职业球员是父亲和自己共同的梦想，而自己在2016年1月就和队友坎特憧憬过夺冠的神迹。当球迷们都迷醉于马赫雷斯魔幻般的脚下技巧时，强大的精神力量也在伴随着他，在追逐梦想的道路上一往无前。

进入2016—2017赛季，马赫雷斯状态依然火热。在欧冠赛场，马赫雷斯在小组赛前五场比赛中进了4球，力助球队取得4胜1平的不败战绩提前出线，使得莱斯特城创造了英超球队在欧冠赛场的开局最好成绩。

2016年12月13日，马赫雷斯击败奥巴梅扬、马内、图雷以及阿尤等人，当选2016年BBC年度最佳非洲球员。

2017年1月5日，马赫雷斯在2016年度非洲足球先生评选中力压奥巴梅扬和马内，当选2016年度非洲足球先生。

继续奔跑下去吧，他即将看到的，会是最壮美的奇观。

巴洛特利

悲剧？喜剧？还是下一个奇迹？

我们经常说足坛又出现了一个天才，下一个梅西、下一个罗纳尔多、下一个伊涅斯塔似乎层出不穷，但这些天才到底有多少最终发展出了自己的一片天地？哪怕他们在踢球上天赋异禀，但足球并不是一项简单的运动，很多人都还有着其他方面的不足，最终让他们还是难以和历史上最著名的球员比肩。

不知不觉间像阿杜、罗比尼奥这些名字已经很少见诸报端，也很少在我们的脑海中被记起了。曾经一度，他们的大名比那些家喻户晓的球星还要闪亮，但最终呢？当我们再次提到时只是为了提醒自己，足球界“伤仲永”的例子并不缺乏。我们一直在思考为什么这些少年成名的天才最终却没有达到理想中的高度，同时也可以畅想如果这些人充分发挥了自己的才能，世界足球又将会是如何的情景，当然这些都只是臆想。

通常，我们都不会在一名球员处在人生十字路口时进行大肆的评论，但巴洛特利是个例外，他令人着魔的表现、超高的天分以及和全世界对着干的劲头让人们不得不去时刻关注。不幸的是，最近这两三年有关于马里奥的消息逐渐淡化，所有人都认为巴洛特利已经是一个过去时。谢天谢地，转会到尼斯之后，意大利人又用自己的表现重新引发了外界的关注，并且大有回到自己巅峰的趋势，关于巴神的故事三言两语完全讲不清楚，但作为曾经的热点人物，也很容易变为悲剧，然后是喜剧，再然后就是他现在的样子，看上去更像是一个奇迹，留下的是一个欢乐的结局。

扫描观看

在法甲重生！巴洛特利尼斯个人最新精彩集锦

天赋异禀——欧洲金童

巴洛特利1990年8月12日出生于意大利巴勒莫，15岁7个月时，巴洛特利就代表意丙联赛的卢梅扎内出场，创造了意大利职业联赛的历史纪录。2006年，年仅16岁的巴洛特利与国际米兰签订了3年的合同。2007年12月17日，年仅17岁的巴洛特利上演了在国际米兰一线队的首秀，3天后，巴洛特利第一次在一线队比赛中首发，不仅打满90分钟，而且打进两球。巴洛特利出色的表现也协助国际米兰赢得2007—2008赛季意甲冠军。

2010年，巴洛特利加盟曼城，转会费达2800万欧元。同年，巴洛特利获得FIFA金童奖。

在曼城的头两年，巴洛特利状态神勇，2010—2011赛季，他出场17次攻入6球，并帮助曼城拿到足总杯冠军，打破球队35年无冠的历史，而在2011—2012赛季，他迎来大爆发，23次出场攻入多达13球，帮助球队夺得历史上第一次英超冠军。同年，他凭借优异的表现获得金球奖提名。

2012年欧洲杯——超级马里奥

2012年欧洲杯是意大利自从德国世界杯之后距离世界大赛锦标最近的一次，球队的首发也堪称10年以来的最强阵容。他们有当时世界上最顶尖的门将布冯，在他身前的是正值当打之年的巴尔扎利和博努奇，这让蓝衣军团的球门异常牢固。同时在中场他们有世界级的助攻机器安德烈·皮尔洛，如果说当时这支球队有什么缺陷的话，那就是缺乏一位强力射手，所以在大赛开始前评论界普遍担心意大利在欧洲杯决赛圈的表现。

让我们把目光放到当时的半决赛，大家都在关注意大利能否闯进最终的决赛，意大利的球迷都翘首以盼但又不敢过早庆祝，因为美梦极有可能在90分钟之后变成噩梦。这个舞台注定被全世界瞩目，注定是诞生英雄的地方，从未在欧洲杯半决赛进过球的意大利面对多次拿到过冠军的日耳曼战车，外界普遍看好德国队，但就在这个关键的时刻，是巴洛特利站了出来，一个人带领球队昂首晋级。

在那个宿命般的夜晚，面对两年之后的世界冠军，巴洛特利似乎不假思索地用两粒进球将对手送回了家。勒夫当时就站在场边用难以置信的眼光看着巴洛特利，看着这位年轻的前锋肆意碾压自己的后防线，就像大人和小孩在比赛一样。

比赛第20分钟，卡萨诺左路挑传，巴洛特利甩开巴德斯图伯，在门前5米处头球破门。第36分钟，蒙托利沃后场左路50米长传，巴洛特利反越位转身让球左脚趟了一步，赶在拉姆回追到位之前，在禁区线上右脚外脚背抽射挂右上角，2：0！进球后的巴神脱下球衣亮出了自己的肌肉，在向全世界展示属于“超级马里奥”的力量。那个时候他化身为一座雕像，矗立在万千意大利人民的心中。而这一场比赛也向全世界证明了他的能力以及超人的天赋。

蓝衣军团最终顺利进入决赛，而从半决赛终场哨响开始，所有亚平宁球迷心目中的希望和梦想都寄托在一个人身上 ，一个单手就将德国淘汰的男人，超级马里奥成为了那个被亟需的全民英雄。之前有关他的种族冲突的话题再次被提及，和其他黑人球员一样（比如1998年世界杯法国夺冠后的亨利），足球场上的成功极大地改善了巴洛特利在国内的形象，同时也让更多的黑人在社会上被接受，可以说这个国家对他亏欠良多，不仅是因为他带领国家队前进，而是改变了社会上的看法。

那时候，一切都看起来很美好，马里奥在足球场上展示着自己的天分，效果也非常明显，俱乐部也找他谈话说他将会得到更多的重用。许多人都希望他的职业生涯能够再上一个台阶甚至更多。

不幸的是，所有的这些期望都转化成了无尽的失望。

尽管在2012年欧洲杯上有着优异的表现，但似乎这一届欧洲杯也成了他人生的转折点，在2012年6月11日小组赛首轮对阵西班牙的比赛中，巴洛特利闹出了或许是本届赛会的最大笑话。当比赛进行到53分钟的时候，巴洛特利断下拉莫斯的球进入禁区，获得了一个位置极好的单刀球，但他却不紧不慢，以很低的速度向前推进，任由拉莫斯追上来将球破坏。意大利主帅普兰德利怒不可遏，立刻用迪纳塔莱替换巴洛特利，仅仅几分钟后，迪纳塔莱就取得了进球。巴洛特利受到了全球各大媒体的嘲讽，并被冠以“思考人生”的段子。之后，尽管巴洛特利用在本届欧洲杯上的优异表现回击了人们的质疑，但回到俱乐部后，他却仿佛一下子失去了信心，2012—2013赛季，他出场14次仅仅打入1球，与上个赛季的状态有着天壤之别。很多媒体都在谈论，一个天才球员陨落了。

利物浦——他独自前行

利物浦在放走苏亚雷斯之后亟需一位合格的接班人．乌拉圭人无与伦比的球感以及精准的射门让他成为红军锋线上的标杆人物。从某种程度上来说，他在场上不仅能够大杀四方，还能帮助队友表现得更为出色，尤其是亨德森和杰拉德这对搭档，拿到亚军的那个赛季尽管他们功亏一篑，但苏牙的威力震慑了全英超乃至全世界，而失去一位如此重要的球员意味着红军极有可能再次失去自己在联赛的竞争力。

从踢球风格上来看，巴洛特利和苏亚雷斯并无太多相似之处，意大利人更像是一个站桩中锋，需要队友的支援，团队合作以及助攻传球这两个概念似乎并不存在于巴神的脑海里。当然，利物浦当时并不只签下了巴洛特利一人，还有多位攻击手，他们也适合不同阵型的进攻，但最终的结果是，后卫们更适应442，但前锋和中场则倾向于4231和433。

这种战术上的分歧以及巴洛特利在前几场的苍白表现让罗杰斯对马里奥失去了信心，也熄灭了他好不容易重燃的信心。之后在训练中他继续和主教练产生矛盾，当然场下的滑稽事他也没少做，最终的结果是，他在利物浦逐渐沦落。

马赛后卫路罗德·凡尼曾经打过一个比方说，签下巴洛特利就好比是在玩俄罗斯轮盘，确实很刺激，因为你不知道哪次扣下扳机，子弹就会呼啸而出。之前执教过他的主帅，比如穆里尼奥和曼奇尼都说巴洛特利难以管教，而他的意大利队友则是对马里奥不吝赞词。

“如果巴洛特利没能成为世界上最好的球员之一，那肯定是他自己的错，因为他有着成为顶级球员的一切因素，我不想他就这么挥霍掉了自己的才华。”这是他的同胞也是主教练曼奇尼说过的一番话。

“我和不少顶级前锋合作过，在这里我能肯定地告诉你，马里奥有成为最好的前锋的所有能力，现在对他来说非常重要，没有时间去做过多无谓的事情。”这是皮尔洛对自己队友的评价。

事实是，巴洛特利又成为了足坛一个浪费天分的例子，他的坠落让足球界所有人都为之伤心，除了巴神自己。最终他不得不在利物浦的替补席上蹉跎岁月，自娱自乐。最终红军将他租借到了AC米兰，重回米兰城的一个赛季，他一共出场了20场比赛，只打进1粒球，情况并没有得到太大改善。

复活——出色的表现

在2016年夏季转会窗口，尼斯失去了球队核心本·阿尔法，而且还是被联赛对手大巴黎挖去。他们发现自己和放走苏亚雷斯的利物浦极为相似，本·阿尔法在球队的作用不可替代，是当之无愧的核心，他在场上的拿球突破以及传球是尼斯最具威胁的进攻手段。2015—2016赛季本·阿尔法在34场比赛中打进17粒球同时还创造了33次得分机会。61%的过人成功率让他成为欧洲五大联赛最具效率的中场，最终帮助尼斯在联赛位列第四。

作为法国的四小天鹅之一，本·阿尔法在刚出道时也被寄予厚望，但随后也度过了一段极其低谷的时光，当他再次回到法国，身体内的天赋也被重新点燃，当世人再次知晓本·阿尔法这个名字的时候并不是法国人的失败，而是他的天分。

本·阿尔法离去之后，就在转会窗口截止前的最后一天，巴洛特利加盟尼斯，这座美丽的南法城市似乎成为了天才浴火重生的福地。很明显，巴洛特利的个性不会被克洛普所容，德国人的目标是踢出他在多特蒙德时期的那种流畅体系的攻势足球，巴神明显不是一位擅长团队合作的球员。当然，在英国，其他俱乐部也不会甘当这个“接盘侠”，AC米兰也不会选择继续留下马里奥，所以，为什么不去浪漫的法国试试呢？

巴洛特利加盟尼斯之后第一场比赛就是对阵马赛，结果意大利人仅用了7分钟就取得了进球，用自己出色的表现征服了球迷。我们终于看到了期待中的那个马里奥。后撤拿球、积极逼抢、深入禁区努力抢点，似乎那个巅峰时期的巴神又回来了。不得不说这笔转会是尼斯2016—2017赛季最大的收获，主教练法弗雷不断地鼓励巴洛特利好好踢球，保持目前的状态，那样他就有机会再次入选意大利国家队，重新披上蓝衣向国人证明自己的能力。

这一次，巴洛特利所有的表现都朝着好的方向发展。他曾经遭受过打击，但又站到了人生巅峰，随后又曾跌落谷底，现在，他又有机会再次证明巴洛特利的伟大。2017年，27岁的巴神进入一名职业球员最为黄金的年龄，他从不缺乏天赋，这点大家也不曾怀疑。2016—2017赛季，他在尼斯的前11场联赛里贡献了9粒进球，是尼斯力压巴黎圣日耳曼持续霸占法甲榜首的首要功臣，他完全可以在这里重回顶峰。我们也相信他正在改变自己的生活方式，让世界以正确的方式记住巴洛特利这个名字。时间会证明他到底会不会真的浴火重生，这点真的值得期待。

最后让我们用皮尔洛的一段话作为结尾：“对他，我真的没什么建议，马里奥知道自己的所有特质，至于能做到怎么样，那取决于他自己。”

/奥巴梅扬/

破茧成蝶　迈向传奇

2016年1月8日，非洲足协公布了2015年非洲足球先生的得主，效力于德甲多特蒙德队的加蓬球员奥巴梅扬力压此前连续四届得主亚亚·图雷而首次当选。

奥巴梅扬的此次当选可谓实至名归。2014—2015赛季，奥巴梅扬代表多特蒙德在各项赛事打入25球。该赛季，奥巴梅扬当选了多特蒙德的赛季最佳球员，2015—2016赛季，奥巴梅扬在多特蒙德持续高光的表现，半季17轮打入18球，领跑德甲射手榜。整个2015—2016赛季，奥巴梅扬在德甲出场31次，攻入25球，仅次于莱万，获得德甲银靴，并当选为德甲最佳球员。进入2016—2017赛季，奥巴梅扬神勇依旧，在前16次出场中攻入16球，场均一球的效率令人发指。2016年12月25日，英国《卫报》2016年度百大球星正式出炉，奥巴梅扬排名第八。这位出自米兰青训、在法甲崭露头角、历经多特磨炼的加蓬射手已经破茧成蝶，正在迈向传奇巨星的行列。

扫描观看
大黄蜂超级射手！奥巴梅扬赛季最新精彩集锦

出身：足球世家的米兰出品

说起奥巴梅扬的祖国加蓬，恐怕熟知的球迷少之又少。加蓬位于非洲中部西海岸，横跨赤道线，人口仅有170万人。得益于低人口密度、丰富的自然资源以及国外投资，加蓬如今发展为区域内最繁荣的国家，其人类发展指数甚至是撒哈拉以南国家里最高的。

奥巴梅扬的父亲曾是加蓬历史上的传奇球星，司职后卫和后腰，曾为加蓬国家队出战80场。老奥巴梅扬职业生涯的大部分时间均效力于法国联赛，也曾在1996—1997赛季转至意大利联赛效力。退役后，老奥巴梅扬为AC米兰工作，如今已经是球队的首席非洲球探。肥水不流外人田，老奥巴梅扬的三个儿子自然从小便在米兰青训营接受训练，不过遗憾的是三人都没有在米兰站稳脚跟。

老大卡蒂利纳曾在2001—2002赛季代表米兰在欧联杯上出场，第二季又在欧冠中亮过相。不过由于机会不多而被长期租借在外，合同到期后去了法国低级别联赛效力。中国球迷对老二威利可能还有印象，2007年贝鲁斯科尼杯，威利打入了绝杀，帮助球队击败尤文图斯。随后威利升入一队，身披94号战袍在意大利杯有过出场。随后威利同样被租借在外表现不佳，后随弟弟一起加盟多特蒙德在二队效力。作为三兄弟的小弟，皮埃尔·奥巴梅扬虽然从未有代表米兰的正式出场记录，却成为了三兄弟中最成功的那一个。

成名：多特蒙德的球场大侠

相比较两个哥哥效力米兰期间，奥巴梅扬被认为是最不起眼的一个。2008—2009赛季，不到20岁的奥巴梅扬便开始了租借之路。最早是法乙的第戎队，随后是法甲里尔、摩纳哥和圣埃蒂安队。不过，最初几年他的表现难言出彩，作为前锋的他每个赛季均只打进两球。2011年12月，奥巴梅扬在与米兰的合同只剩半年之际，以100万欧元的身价正式转会到了圣埃蒂安。而此时，奥巴梅扬于法甲赛场上正在脱胎换骨，崭露头角。

2011—2012赛季，奥巴梅扬开始彻底爆发，该季他打进了16球并有8次助攻。随后一个赛季，奥巴梅扬更进一步，共打进19球助攻14次成为了法甲银靴。如此这般傲人的表现，让奥巴梅扬成为了转会市场上的红人。最终，刚刚折戟欧冠决赛并失去了格策的多特蒙德以1300万欧元的转会费签下了奥巴梅扬。

来到德甲赛场的首秀，奥巴梅扬便给了多特球迷一个巨大的惊喜，他的帽子戏法帮助球队4:0大胜奥格斯堡。不过，在多特的首季由于莱万的存在，奥巴梅扬的位置更多地局限于边路，在中场竞争激烈的多特也非核心主力，但还是交出了13粒入球的首季答卷。来到2014—2015赛季，奥巴梅扬再上一层楼打入16粒球，而他多次戴上蝙蝠侠、蜘蛛侠头套庆祝的画面更是令人印象深刻。

特点：傲视德甲的足坛飞人

谈起奥巴梅扬的特点，恐怕所有的球迷都会有一个共同答案：快！据媒体报道，在多特蒙德的体能测试中，奥巴梅扬仅用3.7秒的时间完成了30米冲刺跑。要知道，当年博尔特刷新百米世界纪录的时候，他的前30米用了3.78秒。所以说，奥巴梅扬的30米冲刺速度甚至比博尔特还要快！德国媒体《图片报》指出，奥巴梅扬或许是德甲联赛50年历史里最快的球员了。

2015—2016赛季，奥巴梅扬在速度方面不断挑战着自己的极限。据德甲官网的统计，他在场上的最高时速高达34.98千米/小时，“这个星球上没有人的速度要比奥巴梅扬更快了”。长期在非洲执教的德国名帅普菲斯特指出，“我之前从没有见过像奥巴梅扬一样拥有如此爆发力的球员，这让他成为了德甲联赛里最致命的武器”。如此迅捷的队友，自然让多特的球员们有了非凡的感受，京多安表示：“和他在一起踢球真的很有意思。”而罗伊斯则称赞说：“我从没见过速度这么快的球员。”

不过，速度虽然是奥巴梅扬的优势，但足球场上依靠的可不仅是速度。早在奥巴梅扬加盟多特之初，时任多特主帅克洛普就冷静地指出加蓬前锋还有很多需要加强的地方：“奥巴梅扬是典型的速度型攻击球员，但是大家总会慢慢对他熟悉起来并且找到应对之策，所以他的踢法必须更加灵活多变一些，让自己在其他方面也能具有威胁，而不仅仅是依靠速度。”

转身：门前致命的冷血杀手

来到2014—2015赛季，失去莱万的多特突然深陷低谷，上半程一度排名榜尾“情非德乙”。此时，球队夏季引进的因莫比莱和拉莫斯表现不佳陷入球荒，无疑是罪魁祸首之一。来到下半季，克洛普终于把这两位“莱万替代者”放入了替补席，而把奥巴梅扬从边路推到了中锋的位置上。奥巴梅扬没有辜负克洛普的信任，勇敢地挑起了球队的进攻大梁，成为了多特的头号射手。谈到自己的位置转变，奥巴梅扬充满了自信：“现在我感觉我踢得越来越轻松了，现在我感觉状态一级棒。就算如此，这对我来说也不是终点，我的状态和表现只会越来越好。”

进入2015—2016赛季，图赫尔接过了多特的教鞭。入主球队后，图赫尔果断送走了因莫比莱，把拉莫斯放入替补席，而坚定地将奥巴梅扬固定在了中锋的位置。天下武功，唯快不破。借助奥巴梅扬的速度，图赫尔在继承克洛普时代高位逼抢、快速进攻的基础上，对球队打法做足了文章。球队的战术更加丰富，对球的控制也更加自如，进而增添了中场的创造力与组织力。鉴于此，图赫尔对奥巴梅扬也提出了更为严格的要求：“他必须学会做得更多，不仅是依靠速度摆脱对手，还有把握战机的能力。”

在图赫尔的精心设计下，奥巴梅扬的踢球方式发生了明显改变，他不再是在场上依靠速度冲锋陷阵的一招鲜，而是把速度与意识相结合，把爆发力与抢点性相融合的全面战士。2015—2016赛季前半程，奥巴梅扬的场均跑动距离从11.03公里减少到9.57公里，突破次数减少了1/3，触球数和传球数下降了15%；但是，他的射门次数却由3.1次升至3.8次，机会转化率由15.7%飙升至27.5%。德甲上半程，奥巴梅扬疯狂地打入18粒联赛进球。而这些进球全部是在禁区内完成的，且近九成为一脚触球后的破门。赛季初恐怕谁也想不到，如今的奥巴梅扬已经成长为门前致命的高效杀手。

支持：强大中场的喂饼大餐

奥巴梅扬2015—2016赛季的爆发离不开新帅图赫尔的功劳。图赫尔被誉为德国足坛的“战术大师”，自执教之初就从不掩饰对瓜式巴萨战术体系的欣赏，并不断尝试把传控足球的优秀品质与传统德式足球相结合。接手多特后，图赫尔拥有了更加强大的人员储备来施展自己的抱负。《图片报》评价道：“在图赫尔的指挥下，多特让人看到了明显的改变，球队的进攻变得更加多样化，而球员们也更习惯控球在脚，在传递中为队友创造机会。”

多特在融入了图赫尔的执教理念后，球队风格逐步开始发生改变，球员开始注重对脚下球的控制和对比赛节奏的把握，所以技术型中场球员的作用开始突显。在这种新环境下，香川真司、姆希塔良、罗伊斯、京多安、卡斯特罗等组成的技术型中场逐步成型，球员们热衷于在传递中分享球权，但是一旦发现机会和漏洞绝无半点延误，立刻提升节奏发动致命一击。2015—2016赛季前半程，多特场均控球率达到58%，传球成功率达84%，助攻入球比更是高达78.7%（37/47）。

2015—2016赛季前半程结束，根据德甲官网的数据：有3名多特球员跻身助攻榜前6位，此外还有两名球员并列第7位。毫无疑问，多特蒙德的喂饼能力首屈一指。享受着如此多的破门良机，无疑是奥巴梅扬实现大爆发的最大财富，而他超于常人的强大爆发能力往往能让他从众多防守球员中脱颖而出，把喂来的饼吃得又好又甜。虽然仍有声音批评奥巴梅扬浪费了无数良机，但是2015—2016赛季前半程奥巴梅扬的射正率已提升至58.5%，机会转化率也提升至27.5%。因此说，奥巴梅扬的成功离不开球队的战术和队友的支持，但也不能忽视其自身努力进步的因素。

未来：迈向传奇的非洲巨星

随着当选非洲足球先生及在德甲赛场的优异表现，奥巴梅扬在转会市场上的人气非常旺盛。曾有传闻阿森纳希望以5700万欧元将其纳入帐下，奥巴梅扬也曾多次向皇马表露加盟意向。但最终，奥巴梅扬还是留在了多特蒙德。

2015—2016赛季初，奥巴梅扬与多特蒙德续约至2020年6月，届时奥巴梅扬将年过30。奥巴梅扬曾在接受采访时有过这样的表态："我非常高兴未来几年的职业生涯将继续在多特蒙德度过。在这里我感到非常舒适，不论是球队还是这座城市。多特蒙德已经成为了我的第二故乡，我全部的心都在这里，从来没有想要离开。"

虽然在如今变幻莫测的转会市场一切皆有可能发生，但是奥巴梅扬的此番表态的确彰显了他对多特蒙德的忠诚与信仰。2015—2016赛季以来，多特在新帅图赫尔的带领下面貌焕然一新，让人看到了再次崛起的希望，而这样健康、和睦的环境无疑会帮助奥巴梅扬继续进步，不断创造属于自己的辉煌。

再回想2014—2015赛季成功续约的罗伊斯，如今的多特拥有着可以媲美任何豪强的双子星。在未来的日子里，来自威斯特法伦的"蝙蝠侠和罗宾"会带给我们怎样的表现？一起拭目以待吧！

/阿里/

白鹿巷陌　雏鹰展翅

埃里克森右路起球，阿里头球破门——这样的招数被热刺简单粗暴耍了两遍，2016—2017赛季第20轮，热刺2：0击败了切尔西，终止了切尔西的13连胜。此役过后，热刺取得联赛5连胜，一举超越了阿森纳，跃升到了积分榜的第三位。而中场大将阿里则连续三轮上演了梅开二度的好戏，他还在英超下半程的争夺刚刚起步时，就将自己2016—2017赛季的联赛进球数刷新到了10个，追平了上赛季的进球数。根据英超官方的记录，阿里在英超联赛打进20球，仅仅用了52场比赛，效率在中场球员中排名英超第一。排名第二的是斯科尔斯，他用了74场比赛。之后的是小贝的90场、兰帕德的140场以及杰拉德的169场。此外，根据opta的数据统计，截至2016—2017赛季第20轮，在阿里进球的比赛中，热刺还没有输过，球队保持11胜4平。年轻的阿里堪称球队福星！

毫无疑问，在急速前行的“新年快车”上，阿里成为了英超最为炙手可热的攻击手。这位年仅20岁的英伦新星，或许将在不远的未来书写下更为壮丽的篇章。

1996年4月，阿里出生在白金汉郡的米尔顿·凯恩斯市。在11岁时，阿里就加盟了米尔顿·凯恩斯队的青训体系；而在经过了5个赛季的磨砺之后，阿里在2012—2013赛季迎来了为一线队披挂上阵的机会。这支家乡球队为阿里的成长提供了极佳的跳板——在为其出战的74场英甲联赛中，阿里一共攻入了22粒进球。

扫描观看

热刺中场王牌！阿里赛季个人精彩剪辑

2015年2月，热刺从米尔顿·凯恩斯队签下了阿里。在以租借球员的身份为母队继续征战了半个赛季之后，阿里终于在2015年夏天叩开了白鹿巷的大门。幸运的是，阿里的英超初体验可谓足够甜蜜——2015—2016赛季他有过33场的联赛出场经历，并且收获了10粒进球外加9次助攻的准两双数据。

虽然热刺在2015—2016赛季争冠冲刺期功亏一篑，以及英格兰队在欧洲杯期间的低迷表现没能为阿里的2015—2016赛季添上完美的注脚，但是他在顶级赛场上所体现出的非凡潜质，已经吸引了英格兰足坛的聚焦。

在2016—2017赛季英超的前8轮对决中，阿里先后3次收获进球，并且帮助热刺取得了5胜3平的佳绩。但随后的联赛中，阿里遭遇了连续8场的进球荒，攻城拔寨的快感与他隔绝了将近两个月之久。还好在2016年的岁末，阿里还是亮出了锋利的獠牙，将破门得分的技能点几乎加到了满槽。

在波切蒂诺的战术板上，中前场的球员们都具有非常清晰的战术定位——万亚马和登贝莱负责拦截抢断和衔接串联，孙兴慜和拉梅拉在高速反击中需要完成边路推进的工作，埃里克森必须扮演好组织核心和定位球专家的角色，凯恩的临门一脚为球队的进攻终结提供了保障。于阿里而言，通过后排插上所制造的进攻良机则是他得以立足的诀窍。

我们不妨先来听听前辈们曾给阿里送上的赞誉。在这些洋溢着惊叹之情的字里行间，或许已经潜藏着关于他一飞冲天的成功之道。

“合理利用空当和恰当地插上时机使阿里与兰帕德很相像，对手的中场很难防得住他，后卫也很难知道他什么时候会插上。”——丹尼·墨菲如是说。

“阿里能够不断向前，他是那种兰帕德型的球员，他们都很乐意无球跑动。”——保罗·梅森如是说。

“阿里给我留下了很深刻的印象，作为一个如此年轻的中场球员，他在场上的表现让人感到很激动。阿里在场上也无所顾忌，从前我们很幸运能和杰拉德一起踢球，而阿里是我见过的最像杰拉德的球员了。”——小雷德克纳普如是说。

是的，当看到意气风发的阿里在绿茵场上肆意奔驰时，我们很难不回忆起那段“双德”交相辉映的流金岁月。阿里像极了杰拉德和兰帕德这两位名满英伦的传奇球星：斗志昂扬，激情澎湃，同时拥有极为出众的后上得分能力。英雄们似乎从未迟暮，他们只是将闪光的瞬间投射在了一个意气风发的白衣少年身上。

而进球如麻绝非是手到擒来的易事，以下的这些特质为阿里提供了令人艳羡的火力。

首先，阿里的身体素质相当出众。1米88的身高在前腰球员中实属罕见，而出色的弹跳则让他的头球更具威胁。值得一提的是，在阿里的头球两次凿穿库尔图瓦的十指关之前，切尔西2016—2017赛季还从未被对手用头球的方式完成过得分。

其次，阿里的无球跑动能力也不容忽略。在热刺2016—2017赛季主场击败曼城的比赛中，阿里将他的杀手特性展露无遗。尽管第一次向前传递被对手阻截，但是阿里持续的游弋还是撕开了蓝月亮的防线，随后孙兴慜的助攻帮助阿里为球队首开纪录。

另外，阿里的射门精度在2016—2017赛季也有了明显的提升。截至2017年1月英超第20轮，阿里在英超比赛中的射正率达到了56%，在队中仅次于拉梅拉（61%）。在元旦当天横扫沃特福德的比赛中，面对着对手狼狈的解围，阿里先是利用身体优势卡住身位，接着用脚背精妙地把球搓进了远角。

与此同时，阿里的一脚触球也偶有亮点。同样是在与沃特福德的比赛中，中路得球的阿里在不做调整的情况下将球推给了右路插上的特里皮尔，后者随即将球送进禁区，凯恩轻松破门。

当然，如果真想实现从潜力新人到顶级名将的蜕变，阿里还需要经历更为耐心的雕琢。他的传球水准有待提升，2016—2017赛季的场均威胁球次数（1.4次）只不过是埃里克森（2.9次）的一半；他的持球推进还稍显粗糙，这有时会酿成贻误战机的苦果；而他2015—2016赛季在各项赛事中一共领过的10张黄牌，足以为他火爆的性格敲响警钟……

更为重要的是，年少成名的荣耀不该蒙蔽阿里的双眼，而是为他带来奋发前进的动力——而这恰巧是无数个曾经声名鹊起，最终却沦为平庸的英伦才俊所淡忘过的真谛。正如在欧洲杯开打前，阿里的偶像杰拉德曾为他提供过的忠告那样："珍惜当下的每一分每一秒，因为接下来还会有艰苦的战斗。"

尽管刚在2016—2017赛季初与热刺签订了新合同，但是大巴黎和皇马求购阿里的传闻还是频繁地见诸报端。对于阿里来说，专注于现在，为热刺在刺刀见红的六强争霸中发光发热的决定似乎更为明智。毕竟弥散着荷尔蒙气息的白鹿巷，或许才是最适合这只雏鹰展翅翱翔的梦想之地。

齐达内

命硬男神？在皇马的成功靠的不是运气

欧冠冠军、欧洲超级杯冠军、世俱杯冠军、西甲亚军，不到一年的时间，菜鸟教练齐达内就用一份接近完美的成绩单向世人展示了自己的执教能力。很多人说齐祖命硬，开了主角光环，这三个冠军赢得都很惊险，甚至在对阵日本球队鹿岛鹿角时都被逼着打到了加时赛，但一次可以用幸运解释，两次、三次呢？拉莫斯屡屡在补时绝杀真的是运气使然？还是跟球队的战术安排有关？

齐达内，对于这个名字我们无须多做介绍，一名真正的世界级中场，拿遍了俱乐部和国家队所有荣誉，个人荣誉也是车载斗量。但是作为教练的齐达内却是一名新人，一名交出了差不多是满分答卷的新人。

2014年齐达内成为皇马二队，也就是卡斯蒂利亚主帅，尽管在为一线队帮忙，但他的大部分精力都放在了皇马B队。2015—2016赛季，当贝尼特斯因为战绩不佳被炒鱿鱼后，齐达内临危受命成为皇马主教练。当时没有人看好他，普遍认为法国人只是因为和主席先生良好的私人关系才担任一个过渡教练，但他自己的想法可远不止于此。也就是从齐达内拿起教鞭的那一刻开始，他就在不停地创造纪录，欧冠冠军就是最好的证明，而2016—2017赛季联赛中一路以大比分领先巴萨也让皇马上下十分满意，要知道在西甲历史上，打完第一回合国家德比，巴萨还从未在落后多达6分的情况下完成对皇马的逆转。

扫描观看

传奇永不落幕！齐达内绿茵非凡技艺集锦

他的战术哲学

有一种流传很广的说法：齐达内作为皇马主教练只会和球员处好关系让他们开心，换句话说，法国人首先是会带人。其实球员时期齐达内自己就是一位天皇巨星，而且是银河战舰一期的核心球员，他知道皇马这样的俱乐部对主教练的期待是什么。他早已亲身经历过一切，并且深知这家俱乐部问题的根源所在。球员时期，齐达内一共在伯纳乌待了6年，他的球技、他的为人让他在皇马如鱼得水，所以跟现在的巨星们处好关系对于齐达内来讲并不是一件复杂的事情。而他作为一名传奇球星，本身就赢得了球员足够的尊重，无论是C罗还是贝尔，这种自带属性是他的前任们，尤其是贝尼特斯所不具备的。当然，像皇马这样的球队，管好更衣室有时候比技战术还要重要。

成为皇马教练之后，他手下还是一批天皇巨星，一开始齐达内继续使用433阵形，克罗斯、莫德里奇加上伊斯科或者J罗中的一人组成中场，BBC继续在前面攻城拔寨。在这套体系当中，克罗斯出任拖后的后腰，瓜迪奥拉治下的德国中场在这个位置上成长为一个出色的出球后腰。

然而，克罗斯作为唯一的一个拖后支柱，再加上莫德里奇和伊斯科或J罗，这个中场组合的防守能力让人捏了一把汗。在马德里德比中0：1败北后，齐达内决定启用卡塞米罗代替伊斯科和J罗。这一举措成为皇马在2015—2016赛季夺得欧冠的关键变革，卡塞米罗的出现给了皇马中场极大的平衡，他在防守当中的覆盖面积让银河战舰后防线牢固不少，同时莫德里奇和克罗斯还可以更加专注地投入到进攻中去。最终他们也以一波16连胜的战绩结束了2015—2016赛季的征程，并且创造了40场不败的俱乐部乃至西班牙足坛的纪录。

进攻布置

齐达内接手皇马教鞭之前，球队在结构上存在一些问题。比如说克罗斯和莫德里奇经常会被安排到后防线上参与防守，两个边后卫积极前插参与进攻，然后

J罗也站到高位，中场和前锋线之间的链接完全断开。这种打法的弊病在皇马主场0：4负于巴塞罗那的比赛中暴露无遗，齐达内上任之后立马进行了矫正，克罗斯作为拖后组织后腰，而莫德里奇拥有出色的出球和持球摆脱以及二过一的配合能力，进攻更多的是从克罗地亚人脚下发起，更重要的是两个边路，也就是C罗和贝尔会经常回撤到中场接球，本泽马则是作为伪9号在前面待命。

当卡塞米罗开始首发后，皇马开始利用场上的进攻球员寻求快速的传球配合，比如贝尔会后撤拿球，这个时候卡瓦哈尔和莫德里奇就会在他身后组成一个三角传球体系。克罗斯居中为出球提供另一个选择，他还可以将皮球转给远端的马塞洛，巴西人拥有1V1的脚下能力，随时可以尝试过掉对方的边后卫。当大家都在中场时，本泽马也会适当地回撤，那样皇马在前场又多了一个短传的接球点。当边路拿球往前带时，C罗和本泽马就会在对方的中后卫周围寻找接球空当，因为马塞洛在前场的压力，对方边后卫不会全身心地和中卫协防C罗，那样葡萄牙人在禁区里的射门难度也会减轻一些。此外，莫德里奇和克罗斯随时可以游弋到禁区弧顶附近，方便和队友做倒三角的配合，他们的远射能力对对方也是一种震慑。

另外必须要说的一点是，皇马的前场三人组彼此之间的换位非常频繁，本泽马经常会拉到两个边路参与进攻配合，C罗和贝尔在进攻时也会频繁出现在两翼的位置。对于齐达内战术体系里的边锋来说，尤其需要注意的是，传球尽量找C罗和贝尔，因为他们的头球能力十分出色，在这二人寻找空当的同时，本泽马就在对方禁区牵制后卫的防守。

不管什么时候，当皮球来到边路时，比如说右路，前插的边后卫（卡瓦哈尔）就会与贝尔和莫德里奇形成三角配合，皮球会轻松传递到进攻三区再进行传中。这个时候在远端的C罗就会杀入禁区和本泽马一起去抢夺球权。换一种情况则是马塞洛和C罗、克罗斯配合再传中，贝尔杀入禁区准备接球。

更好的情况是，当球从边路起出，中场也有一人能够进去争顶。要知道皇马的头球进球可不少，2015—2016赛季客场2：1战胜巴萨的比赛最终就是依靠贝尔的边路传中C罗才得以完成绝杀帮助球队战胜死敌。卡塞米罗一般都会留在后场防止对方的快速反击。当本泽马不在禁区内接球时，助攻上来的边后卫或者是中场（克罗斯和莫德里奇）就会到禁区给法国人补位。

另外，边路进攻可以从半场就开始，然后还能通过一名自由中场在两边转换，然后在边路制造1V1的机会，这时候皇马球员超强的个人能力就能得到最大的体现，不管拿球队员选择第一时间传中还是过完人再传中都能够形成威胁进攻。

皇马面临的问题是这种打法在传递的过程中有时候会陷入僵局。因为太多球员都在本方半场参与进攻组织，也就是说对方有从容的机会在后场布防，过多球员收得靠后让皇马缺少能够拉开对方防线的策应队员，比赛也就变得很被动，同时也让对方一眼就识破你的意图。

防守策略

齐达内入主之后也为皇马打造了一条防守中轴线，其中的关键还是卡塞米罗，巴西人在后防线前面筑起了一道牢固的城墙。尽管433是皇马的首选阵型，但很多时候他们其实会变阵为451或者4141，因为C罗和贝尔经常会回撤到中场，只留本泽马一人突前。当皮球在对方半场时皇马很少采取高压逼抢的政策，齐达内更强调的是BBC保持自己的位置。

一旦皮球传过半场，C罗和贝尔就会后撤，卡塞米罗的任务就是保证后防线和中场之间没有太多空当，要知道在贝尼特斯时期，中后场脱节是经常的事情。其实相较于C罗，贝尔在防守时要卖力得多，以至于有时候球队的阵型会变成442，因为威尔士人会积极主动地参与中后场防守。在451或者说4141体系中，两名后腰，也就是克罗斯和莫德里奇都能够在各自的位置拿球，C罗、贝尔分守两翼，他们的目标就是不要让对手在中场轻松形成较大的传接球空当。

如果对手在中场长时间控球，那么卡塞米罗也会前压，此时皇马中场就有了5名球员，2015—2016赛季在客场战胜巴萨皇马依靠的正是这招，将对方的进攻遏制在中场附近。一旦卡塞米罗回到中场，皇马全部11人都在本方半场，莫德里奇和克罗斯在中场巡逻，卡塞米罗则负责破坏对方的组织。

当然，皇马在无球阶段并非一直保持这个状态，所以他们的后防线从来也称不上固若金汤，丢球也是经常的事情。首先，不管是哪组搭档，皇马的中后卫都容易犯下低级错误。整个球队都在吸取教训，齐达内也在不断地摸索学习。球队的弱点也非常明确，但齐达内肯定看到了这些，他还需要时间来解决困扰皇马多年的防守顽疾。

其中的一个问题就是，当对手大举压境，皇马的中后卫经常会因为上抢而失去自己的位置，对方极容易打出穿透球。

战术的灵活性

根据对手和比赛的具体情况，齐达内已经证明了自己阅读比赛以及临场指挥的能力。比如同华沙军团的较量，他派出的是一个424的阵形，C罗、贝尔、本泽马、莫拉塔全都顶上锋线，莫德里奇和克罗斯居中。因为阵容体系变化过大，球队出现了不少漏洞，最终3：3和对手战平，但是皇马主教练勇于变革的决心一目了然。其实424更像是一个上古阵形，或者说在比赛落后的情况下最后阶段围攻时才会采取的选择，但是齐达内在一开始就决定这样做，除了改革，他对自己的球员也有着足够的信心。当然，从马后炮的角度来看这有点鲁莽，毕竟在教练的岗位上他还是一位新人，还需要积累经验。

但是齐达内绝非只凭运气之人，从战术角度来看皇马赢得最荡气回肠的一场比赛当属3：0撕碎同城死敌马德里竞技。在没有拉莫斯、佩佩、克罗斯、卡塞米罗、贝尔和本泽马等半数主力的情况下，法国人排出了一套4411阵容应战，莫德里奇和科瓦契奇这对克罗地亚组合坐镇中场，带着防守任务的贝尔和巴斯克斯分居左右，伊斯科出任前腰，C罗成为单箭头。马竞方面，西蒙尼的442也是主力尽出。尽管3年内2次在欧冠决赛中输给皇马，但是床单军团最近几个赛季中在联赛可是皇马的苦主，所以从赛前来看，大部分人都没想到皇马会赢，而且还是一场大胜。皇马在关键时刻展示了稳固的防守，以极其犀利的进攻，最终拿下本场比赛。这场胜利对齐达内来说十分重要，也是对他在技战术安排方面的一大肯定。

点拨的三名关键球员

阿森西奥：尽管只有20岁，但阿森西奥已经是皇马阵中重要的一员，之前的两个赛季他一直都被租借到马洛卡和西班牙人，西班牙人的潜力毋庸置疑，尽管赛季初期有着惊艳的表现，但是在皇马这样的超级豪门，一名20岁的小将想打上主力还是有着极大的困难，更何况是前场的位置。

卡塞米罗：早在租借到波尔图时期，卡塞米罗就展现出了不错的天分，但是那时候他在皇马还是难以取得一席之地。齐达内上任之后他立即成为重要一员，甚至可以说是齐达内成功的关键所在。

马里亚诺：早在齐达内执教卡斯蒂利亚时他就将马里亚诺从C队提拔上来，整个2014—2015赛季他有10次出场，打进5球。接下来的赛季他依旧延续着自己良好的进球势头。到了2016—2017赛季，在本泽马因伤缺阵后齐达内直接将马里亚诺提拔到一线队，并且在同塞尔塔的比赛中替补莫拉塔完成首秀，而在国王杯同莱昂尼萨的较量中他更是上演帽子戏法，技惊四座。在齐达内的手下他有望获得更多的出场机会。

结论

法国人治下的皇马有时也有缺点，但是成绩却是实实在在的。欧冠、欧洲超级杯、世俱杯，2016年对于齐达内来说几近完美。在伯纳乌，作为教练，你可以短时间内被捧上天，但是距离万丈深渊也不会太远。只有时间会告诉我们齐达内到底是否是一名伟大的教练，但可以肯定的是，他有成为传奇主帅的一切潜质，一如他已经在足球场上证明了自己，场下的事情，对于他来说，才刚刚开始。

温格

我们绑架了他，他却绑架了自己

2017年二三月份，温格遭遇了二十年间在阿森纳的最差战绩，他的球队输掉了五场联赛中的四场。

一个铁杆阿森纳球迷是应该爱温格还是恨温格？

一个执教阿森纳长达20多年的辛勤老者是应该继续掌舵还是让贤隐退？

因为社交网络，每当枪手又迎来一次习惯性跌倒，我们都可看到千万枪迷被撕裂成两个阵营，讨论着温格的去与留。我们更经常看到，同一个枪迷也可前后判若两人，在包容与愤怒的十字路口迷茫徘徊。

阿森纳输球了，他说，踢成这样难道教练就没有一丝责任吗？年复一年，是到了该改变的时候了。

接着阿森纳又赢球了，他又说，不仅得还清球队债务，还得培养小妖新人，更重要的是捉襟见肘中还能保持欧冠席位，教授已经很不容易了，该一直支持他。

于是阿森纳又一次坐稳联赛第四。

惯性是极其可怕的，它可以成就一切，也可以毁灭所有。当一支球队习惯了走在联赛争四的道路上，当球员发觉所谓的争冠只用口头说说，如果达不到也并无大碍，当球队支持者始终如宗教信仰般支持着他们的教练，而教练又无期限信任着球员自身时，温水煮青蛙的

扫描观看

温格治下的阿森纳十大最佳引援

故事就展开了。

欧冠迎战巴萨之前，温格说，现在是战胜巴萨的最佳时期。

紧接着在联赛对阵曼联之前，温格说，我们并非总在关键时刻掉链子。输给18岁的拉什福德之后，老人家又说，阿森纳会将批评转为动力。

然后他们就在主场输给了斯旺西。

白鹿巷球场，伦敦德比的平局让莱斯特城仰天大笑，柯奎林的愚蠢红牌和桑切斯的坚韧战斗恰是阿森纳最无奈的缩影。

打沃特福德之前，温格说，不同意足总杯不重要的言论，我们现在完全专注于对手。结果人家全场比赛两脚射正，就进了两个球。而整个进球过程中枪手球员之恍惚无措，简直令人错愕。这哪是踢足球，你看第一球，分明是拉开单打暴扣；第二个球，这就是内线突破牵扯、外线接球三分。把英超硬生生演成了NBA，只能说明精神的松散、防守的脱节。

赛后，教授表示，我们本不该输球，我们现在要开始专注于下一场比赛了。

下一场？客场踢巴萨。

记者们采访温格应该是很轻松的事，因为你会发现每次说的话都一样：一样的论调、一样的结果、一样的来年。

在西班牙有一支球队叫皇马，他们不管战绩如何，都要变着法子换教练、卖球员。

在英格兰有一支球队叫阿森纳，他们常年目标难达，却从不撼动教练饭碗，遑论影响球员前途。

你说温格忍辱负重，在球队财务状况极其糟糕的情况之下仍能保持年年踢欧冠，既当爹又当妈，委实是不容易，不能苛求太多。说得也在理。

可阿森纳每年都喊着要争冠，而且是要争每一冠。君不见温格欧冠打巴萨之前又说，一定能够战胜巴萨。

那这就是个问题了。

若你老实承认工作重心就在于球队健康运营，在于还清巨额债务，在于保证球队始终在英超顶级而不掉队、保证欧冠资格、换取可观盈利。那么所有人都要给温格竖起大拇指，英足总还要给温格颁发劳模证书。

热刺年年都拿不到英超冠军，你们什么时候见过大伙群起而嘲讽、段子手蜂拥而尾随？拿不到就拿不到呗。

可你兵工厂年年都拉虎皮扯大旗，这个你不忿，那个你不服，谁谁都把自己当亨利，场场都把对方当菜鸡。自信的身姿还历历在目，争冠的口号还如雷回响，你现在兵败如山倒了，就在这里跟我提起球队债务、跟我谈论没钱没粮，好意思吗你？

没有冠军的命，却得了冠军的病。或许说的就是这么回事吧。

打巴萨首回合那场球，上半场不是踢得挺好的嘛，下半场非得攻出去，一下子冲上去六七个人，结果人家立马一个反击，你就蒙了。别说什么在主场应该搏一搏，你看人家切尔西当年战胜巴萨是你这样搏的吗，那是德罗巴、拉米雷斯们靠一个个坚决的反击拿下的。

当然了，阿森纳很难有德罗巴这样的人存在。

赛后温格说球员踢得幼稚，我以为教练终于发话指出痛点了。随后打热刺时半场领先，结果柯奎林边线一个毫无必要的滑铲就葬送了希望。这可能不是幼稚，而是非常幼稚。

你说不要拿热刺与阿森纳比较，不是一个级别，可热刺不声不响成为了2015—2016赛季唯一在最后阶段还在和莱斯特城竞争冠军的球队。何谓闷声发大财，或许枪手们正可一学。

总会有人说，温格所带给阿森纳的辉煌过去你们都忘了吗，一群白眼狼。错了，忘不了。他所带给枪手的往日荣耀已经赢得了所有球迷对他的尊重，但如果借此来否认他在争冠路上的反复失败，那就是道德绑架了。

当然，当我们用无尽的期许绑架了温格时，法国人也用对冠军近乎偏执的追求绑架了自己。

他曾经尝到过冠军的滋味，他还想要更多的冠军。可现实表明这一切都已是过往，他的方式在如今已难以行通。堂吉诃德可以是人们精神世界里的英雄，可以撑起一部伟大名著，可在冷冰冰的现实中，他终究会落得个头破血流。

换作穆里尼奥、佩莱格里尼们在一个目标冠军的赛季里捞着个四大皆空，帅位都是岌岌可危的，更不用说顶尖冠军十年无获。这支球队曾经属于亨利、皮雷、维埃拉们，这支球队是叫作阿森纳的传统豪门。这块招牌不是光用来唬人的，何况现如今已是唬人都唬不住了。

阿森纳为何有如此多的球迷，是因为曾经的美好回忆已植入人心，昔日的情怀已酝酿成酒。但酒虽好喝，不可贪杯。情怀安慰得了自己，却奈何不得现实。

/ 拉伊奥拉 /

经纪人中的另类人物

在如今的足球世界，球员的流动很频繁，而在这看似普通的转会背后则蕴藏着俱乐部、球员、经纪人之间的斗法。2016年夏天，拉伊奥拉成为了转会市场最热门的名字，伊布、博格巴、巴洛特利这些球员都在他手中完成转会，同时他自己也赚得盆满钵盈，有消息说他这个转会窗所得到的报酬超过了C罗的年薪。在经纪人的圈子内，拉伊奥拉是和门德斯齐名的人物，但拉伊奥拉却是一位极其有个性的经纪人，在外界看来他视财如命、毒舌、不合群，很多人都不喜欢这个胖子，但在其背后，拉伊奥拉有他的成功之道以及属于自己的哲理。

拉伊奥拉会想尽方法服务他的客户

众所周知，拉伊奥拉一直以来的宗旨就是只为他的客户着想，请注意是“只为”，他不会顾及其他人的感受。在欧洲足坛，很多人都不喜欢这位经纪人，比如弗爵爷就曾表示拉伊奥拉实在令人无法喜欢，此外还有很多球迷都痛恨拉伊奥拉，恨他经常带走心爱俱乐部的当家球员，例如当初尤文降级时，拉伊奥拉立刻将伊布带离出队，而且还是转投死敌国米，而之后他把伊布带到巴萨的举动又让许多国米球迷不爽，但这就是拉伊奥拉的行事方式，他的客户不是球队和球迷，只是他手下的球员。

有人说拉伊奥拉总是把他的客户当成赚钱的工具，会操纵他们，把他们当成机器人一样。但事实并不是如此，他会顺从球员自己内心的想法，例如哈姆西克想留在那不勒斯，拉伊奥拉便让他留在了那不勒斯，还有伊布与瓜迪奥拉不和想要转会米兰，拉伊奥拉也没有因为米兰提供的油水少而阻挡这次转会。如果我们细看这些球员每次的转会，就会发现这些转会大多数都能让球员获得自己想要的东西，2016年博格巴与伊布加盟曼联，前者获得29万英镑周薪，后者得到再次与穆里尼奥合作的机会。

当然有人会说拉伊奥拉总是“坑”与他交易的俱乐部，但事实真是如此吗？就拿2016年夏天来说，大到曼联，小到尼斯都从他手中获得心仪的球员，尤文图斯也通过博格巴的转会获得大笔金钱来购买伊瓜因。大家经常拿门德斯与他进行比较，但门德斯也有过将迪马利亚运作到曼联的失败经历。事实上，球员经纪人与俱乐部方面在谈判桌上都是平等的，俱乐部也不会傻到随便被经纪人“坑”，交易达成就说明双方都满意此次转会，各取所需。至于后来的发展就是球员与俱乐部的事情了。

眼光准、语言水平高的拉伊奥拉

拉伊奥拉能操纵这么多关键的转会，他的能力已经无须证明。他的语言能力极其惊人，会说荷兰语、英语、法语、德语、西班牙语、葡萄牙语、意大利语，这样的语言能力足以支持他走遍欧洲，与俱乐部谈判时连翻译都省了。而且他还在大学时读过法律专业，这也为他日后在与各个方面打交道时提供了法律基础，到现在为止，拉伊奥拉所经手的转会几乎没有游走在转会市场的法律条例之外。

除此之外，拉伊奥拉的眼光也极其精准，前尤文总经理莫吉就曾这样评价过他：“我觉得拉伊奥拉是一个在球员判别上的奇才，如果让他去当俱乐部经理，去组一支球队，肯定会天下无敌。”的确，他目前手中最出名的两位客户伊布和博格巴都是未成名时被他成功发掘。1996年，内德维德从布拉格斯巴达转会至拉齐奥的交易就是拉伊奥拉的第一个大手笔转会，捷克铁人也开始了他辉煌的意甲之旅。

2016年夏天，拉伊奥拉又成功将巴洛特利这只“迷途的羔羊”运作到尼斯，而巴神如今在尼斯重获新生，如果他将这种状态保持下去，重返豪门球队不是没有可能。拉伊奥拉的能力以及眼光非常高，只要出手就会帮助客户赢得胜利。

毒舌又直来直去的“大嘴疯子”

如果要评选经纪人中出镜率最高的一位，拉伊奥拉绝对是No.1。几乎每天他都会接受各种各样的采访，讲出一些非常有个性的话语。拉伊奥拉一向以心直口快，甚至口无遮拦而著称，在他口中很多知名人物都未能幸免于难，他曾批评过瓜迪奥拉的执教风格令人昏昏欲睡，他也曾指责国米主席托希尔根本不想着为意大利足球办好事，教练、主席、球员，各式各样的足球人物都会成为他的谈资，而他这种“有什么说什么”的方式也令很多人讨厌，不过拉伊奥拉就是这样的人，有话直说、直来直去、毒舌，这就是拉伊奥拉的讲话风格。

同样，拉伊奥拉对自己的球员也会采用“毒舌”模式，伊布就曾讲过他初次见到拉伊奥拉的情景，当时拉伊奥拉拿着维耶里、特雷泽盖、因扎吉的进球数据向他吼道：“你伊布25场才进5球，凭这些数据你TMD能转会去哪？年纪轻轻就学会享受，成不了大气候。”后来伊布也开始认识到自己的态度有问题，开始改变自己，后来拉伊奥拉也经常用自己的毒舌鞭策着瑞典神塔。不过别看拉伊奥拉对自己的球员那么狠，每当接受外界采访时，他就会使尽一切力气保护自己的客户，就像一位父亲一样，不管对内怎么批评自己的孩子，对外永远会和球员站在一起，其目的都是为他的客户好。

独来独往、不合群的独立经纪人

在足球圈内中，人际关系对于经纪人是非常重要的东西，很多都通过讨好俱乐部的高层来推销球员，但有时这些“讨好”也会成为谈判桌上的劣势。大家静下心来想想，难道不是吗，平常的生活中我们讲究人情世故，这些人际关系有时会帮助我们找到一条捷径，但更多的时候这些人际关系会让我们无法施展开手脚，畏首畏尾，甚至还会违反自己的原则来“帮助”朋友。

与很多经纪人不同，拉伊奥拉在经纪人圈子中没有什么朋友，也不试图和俱乐部主席、经理建立什么亲密关系，他自己也讲过自己不喜欢住在经纪人聚集的酒店。拉伊奥拉对于转会不像门德斯一样有着自己的团队，他总是单人亲自出面，身边即使有人也只是律师来帮助他商讨合同。在足球经纪人这个极其讲究人际关系的圈子内，拉伊奥拉摒弃了这些无聊的东西，在他的谈判中只有利益这个纯粹的东西。

他将每次转会当作一场非赢不可的战斗

说了那么多，拉伊奥拉在转会中总是取得成功最重要的原因是什么呢？是拉伊奥拉本人的信念，一个将每次转会谈判当作一场非赢不可的战斗的信念。拉伊奥拉有一次在接受采访时透露自己曾在伊布转会AC米兰的交易中不停地“烦”加利亚尼，他每天都会给加总打电话说你要签下伊布，你要签下伊布，最终以抠门著称的加总也经不住拉胖子的烦人，答应此次交易。这只是关于拉伊奥拉很小的一个例子，但反映的可是拉伊奥拉对于每次转会执着的信念。

拉伊奥拉的“转会信条”就是如此，拼尽全力来为客户和自己赢得利益，取得胜利，这就是拉伊奥拉的风格，正因为这种必胜的信念能够令他一次又一次成为赢家。

拉伊奥拉究竟是一位怎样的经纪人？很多球迷都很讨厌他，没错，他的毒舌、他的行事风格、他的巨额报酬等等都很容易令人讨厌，他也从不在乎外界对他的看法，他只在乎他的客户。不过对球员来讲，他确实是负责任的经纪人，就像皮尔洛的评价一样：“拉伊奥拉是经纪人界的传奇，是世界级的转会操盘手。”性格高傲的伊布也将拉伊奥拉视为人生导师。从一个单纯独立的人来讲，他就是一位实实在在的经纪人，对于他的评价有正面也有负面，不过这也许正是一个正常人应有的评价，他不是圣人，更不是恶人，只是一位真实的普通人。

/从本泽马到伊布/

十位不应该只用进球来衡量的前锋

每个人都喜欢进球，每个人都喜欢进球的人。进攻球员总是绿茵场上最光鲜亮丽的那一拨，尤其是前锋，作为球队的终结者、机会把握者，他们天然集万千宠爱于一身。

进球能改变比赛，也能让球迷陷入疯狂，大家最不想看到的就是0：0的结果，哪怕比赛再激烈再精彩，没有进球的比赛就好像是一场不完整的比赛。

所以前锋总是备受瞩目，他们进球则罢，一旦陷入球荒则会受到多方指责。当然，有时候进球也不能满足球迷的要求，因为他应该打进更多进球，背锅巨侠本泽马就是这种情况的受害者。

比如在欧冠联赛，法国前锋打进50球，成为欧冠历史上进球第六多的球员。但是因为他跟C罗在一支球队，所以从来就不是球队的主攻手，能有这份成绩已经十分出色，为什么还要苛求那么多呢？接下来我们就一起盘点十位不应该只用进球来衡量的前锋。

扫描观看

最强喂饼中锋！本泽马生涯105次助攻集锦

本泽马　皇马　法国

本泽马在2009年夏天以3000万欧元的身价从里昂转会到皇马，跟他一起来的还有转会费加起来达到1.5亿欧元的C罗和卡卡。尽管身边巨星环绕，但法国人从未和队友爆出过不和，同时他也是一位稳定的射手，截至2016年12月底一共为皇马打进171粒进球，其中有50

球是在欧冠斩获，中间不乏关键时刻拯救球队的进球，更重要的是他和队友的合作能力，不管是C罗还是贝尔，都能跟他无缝对接，所以请不要一再将锅甩给他。

卡瓦尼　巴黎圣日尔曼　乌拉圭

扫描观看
巴黎神锋！卡瓦尼
赛季至今精彩进球

或许卡瓦尼才是我们这次评选的代表人物，代表大巴黎出战的170场比赛他打进104球，之前在那不勒斯的138场比赛也打进104球，伊布离开大巴黎后，卡瓦尼扛起了球队进攻的大旗，在2016—2017赛季开局的10场联赛中取得12粒进球。乌拉圭人知道如何寻找破门得分的方法，但这几乎是他在比赛中最弱的一环，他的无球跑动堪称顶级，这也让他获得了远比同辈多的射门良机，当然射门成功率是他最需要提高的地方，他的吐饼能力也是球迷经常吐槽的地方。

桑切斯　阿森纳　智利

扫描观看
枪手大腿！桑切斯
赛季个人最新集锦

自从被挪到前锋的位置以来，桑切斯的进球就不曾断过，但是他的进球对于球队来说并不是最重要的，智利人对自己在前锋位置上的任务有着全面的了解，无论是带球过人还是引领球队的反击，2016—2017赛季同曼城的比赛就是桑切斯给沃尔科特送出的绝妙助攻，毫无疑问他一直都是枪手最危险的那一个。截至2016—2017赛季第24轮，除了以15个进球高居英超射手榜第2位，他同样以8个助攻高居助攻榜第2位，不愧“大腿”称号。此外，桑切斯在防守方面同样卖力，在进攻三区的抢断数据位列英超第一。自从转会枪手以后，桑切斯已经成了球队最重要的球员，相比于厄齐尔总是在关键时刻表现低迷，桑切斯的表现更加稳定，球迷也已经习惯了桑切斯无数次在关键时刻拯救球队。

莫拉塔　皇马　西班牙

你可以把莫拉塔想象成西班牙版的本泽马，但是是一个更高更快的本泽马，当然，他身上还有自己的特点。出道于皇马青训并且在尤文图斯大放光芒的他脚下技术突出，再考虑到他的进球率（46场比赛打进15球），我们应该知道莫拉塔的价值所在，绝对是皇马锋线上的一把犀利大刀。同时他还可以为队友跑位，扯出空当，在前场也能护住球，助攻也不弱，堪称一名全面的现代中锋。

扫描观看

回家真好！莫拉塔皇马最新个人集锦

莱万多夫斯基　拜仁　波兰

扫描观看

德甲莱万替补9分钟5球创世界纪录拜仁5：1狼堡

莱万就是进球的保障，甚至可以说进球如麻，但波兰人绝不仅仅只是一台进球机器那么简单。在多特蒙德时期，他就是球队前场的进攻支柱，带球组织进攻，再分给跑位得当的中场队友。莱万完美的一脚触球能力使得他成为瓜迪奥拉心目中的最爱，不管在俱乐部还是国家队，莱万多夫斯基都是当之无愧的进球保障，但如果仅仅只是把他当作单纯的前锋那简直是在犯罪。

伊卡尔迪　国际米兰　阿根廷

因为种种原因，伊卡尔迪并未入选阿根廷国家队，而和球迷的矛盾也差点毁了他的国米生涯。即便如此，伊卡尔迪也依旧是一位出色的前锋，2016—

2017赛季截至第23轮他打进了15粒进球（在国米137场打进66球），并列意甲射手榜第二，除此之外他对球队进攻线的领衔作用也是功不可没，阿根廷人还以8次助攻排在助攻榜第二，如果国际米兰能够给他买来更好的搭档，我们不知道伊卡尔迪能够带领这支球队走多远。

扫描观看

国米锋线支柱！伊卡尔迪赛季精彩集锦

苏亚雷斯　巴塞罗那　乌拉圭

苏亚雷斯其实是一位被低估了的前锋，这么说可能有点奇怪。乌拉圭人在117场比赛中为巴萨打进了99粒进球，但是更重要的是他是一位团队型球员。他和梅西、内马尔组成的MSN组合威震天下，同时他也是巴萨前场进攻创造力的重要来源，他的快速逼抢拦截让对手胆寒，从不让对方后卫有休息的时候。同时苏牙还经常回到中场参与防守，那样梅西和内马尔的任务就轻一些。他的无私助攻精神同样也感染了队友，在2015—2016赛季苏亚雷斯的进球比任何其他前锋都要多，助攻则与梅西并列西甲第一。截至2016—2017赛季第21轮，他的进球与梅西并列西甲第一，同时有5个助攻，排名助攻榜第五。他还是前场防守最积极的球员之一，他喜欢紧贴着对方后卫、制造混乱，迫使他们出现更多的失误，从而创造出进球机会。他就是一位伟大的球员。

扫描观看

里程碑！苏亚雷斯巴萨50次助攻全记录

伊布拉希莫维奇　曼联　瑞典

很久很久以来，伊布都是一位完美的全面中锋。进球？当然没问题，助攻也不在话下。他还能带领全队前进！他能轻松地刺破对手防线，视进球和助攻为家常便饭，不管是大巴黎还是曼联，都是如此。几乎他所在的每支球队都会以他为核心，有时候队友只需要看着他在场上表演就行。在2015—2016赛季，除了五大联赛仅次于苏亚雷斯的38个进球，他还有13个助攻。2016—2017赛季转投曼联之后，截至英超第24轮，他各项赛事打入2C球，成为曼联自弗爵爷退休后首个单赛季打入20球的球员，同时也成就了个人连续10个赛季进球超过20的纪录。此外，伊布并不吝啬于防守，我们也能经常看到他积极地回防到本方禁区。

扫描观看

狂拽吊炸天！伊布生涯最牛进球视频集锦

菲尔米诺　利物浦　巴西

2016—2017赛季前半程，利物浦行云流水般的进攻、坚固的防守在英超掀起一股旋风，使其时隔916天之后重回英超榜首，使人们看到了苏牙离开后利物浦的重新崛起。这之中，菲尔米诺发挥了重大作用。截至2016—2017赛季第24轮，菲尔米诺贡献了8粒进球，在队内仅次于马内的9球，同时，他还有3个助攻。菲尔米诺不仅进攻效率惊人，在防守端的表现更是让教练放心。从2014年8月以来，欧洲五大联赛没有哪位球员的抢断和拦截比菲尔米诺还多，也没有哪名英超球员在对方禁区的成功传球次数能够超过菲尔米诺，这就是巴西人成为注重球队硬度的克洛普新宠的重要原因之一。甚至可以这样说，菲尔米诺就是克洛普在场上的化身，他完美地诠释了渣叔的足球哲学。

扫描观看

大放异彩！菲尔米诺疯狂进攻展示

迭戈·科斯塔　切尔西　西班牙

尽管在2015—2016赛季遭遇低谷，但自从孔蒂入主切尔西后，迭戈·科斯塔重新展露了他的兽性。截至2016—2017赛季第24轮，迭戈·科斯塔取得15个联赛进球，高居射手榜第2位，是切尔西大比分领跑英超榜首的最大功臣。作为一个进球机器，他的助攻能力同样不弱，同样截至2016—2017赛季第24轮，他还贡献了5个助攻，此外，他还是英超被侵犯次数第三多的球员。他无时无刻不处在战斗的状态，是英超赛场上最令后卫们胆寒的猛兽。

扫描观看

英超第一锋霸！科斯塔最新精彩集锦

2

豪门与草根的故事

俱乐部

/ 莱斯特城 /

把热血和冷眼通通抛向飘扬的旗帜

梦醒了，明朗的晨光洒向脸庞和被窝。你睁开了眼抓起了手机，发现在遥远的英格兰，梦想终于照进了现实。

嗯，这是一段日本热血动漫或者美国好莱坞都青睐有加的传奇，当然你也可以用“佳话”“童话”和“神话”来形容：莱斯特城完成了不可能的任务。

2015年7月，拉涅利接过了莱斯特城的教鞭——这是他近30年的从教生涯中碰见的第16位东家。上一家聘请拉涅利的用人单位，是江河日下的希腊国家队；而拉涅利被炒鱿鱼的直接原因是……他目送着全欧洲人民都喜闻乐见的法罗群岛，从自己的地盘上全取三分。

拉涅利的到来远算不上是众望所归，毕竟“补锅匠”的标签已经在他的额头上贴了很久，当年坐镇斯坦福桥时的经历也光彩不到哪里去。曾在莱斯特城效力，如今担任评论员的罗比·萨维奇直言这是个“错误的决定”；而莱斯特城死忠莱因克尔更是在推特上用一个“really？”来形容千万头草泥马从自己心中奔腾而过的景象。

面对着外界的质疑，当时的拉涅利显得相当识趣：“我们会不断发展成为一家大俱乐部。主席告诉我，在未来的两三年，最重要的是维持现状，保持稳定。而我的目标就是比上赛季多拿1分。”看着上面这段话，一个颔首低眉，每天穿着白背心在小区里遛鸟下棋的退休老头的形象顿时跃然纸上。

结果，大家发现拉涅利真是个深藏不露的大忽悠——2015—2016赛季联赛还剩2轮没踢，莱斯特城已经比上赛季多拿了整整36分。

从2015年8月的平稳起步，到12月的低调领跑，再到2016年后的狂飙突进，在漫长的赛季中，莱斯特城始终踩着坚实的步点。而这位身居点将台的意大利长者，则对着战术板做了一点微小的工作，保证球队的平稳前行。

第一，把442阵形供上神坛。在2015—2016赛季所有的联赛中，拉涅利使用的阵形都是442（如果冈崎慎司位置稍微拖后的话，可能会被看作4411，不过两者之间也没有显著的差别）。放眼整个英超，单前锋的战术早已独步武林，只有沃特福德的弗洛雷斯有着和拉涅利相同的癖好。这种英伦气息浓郁的阵形，推着拉涅利在时代的大潮中逆流而上，老头把“腐朽落后”的质疑硬生生地改造成了“量体裁衣”的赞叹。毕竟带着这样一帮弟子，442的确是最合适的选择。

第二，选择性地放弃控球率，把合围逼抢的DNA注入血液。你能想象到，一支冠军球队的场均控球率位列联赛倒数第三位，而且客场时的控球率还不到43%吗？恭喜，莱斯特城已经成功地激发了你的想象力。拉涅利没法从这支球队中，找出任何一名来自欧陆或者拉美的技术流中场。既然不能奢望艺术家的华丽演出，那莱斯特城的一干蓝领们就得高唱“咱们工人有力量”了。本赛季，莱斯特城场均的抢断和铲球次数，高居英超第一；而在这两项数据的个人排行榜上，法国后腰坎特同样能够傲视英超群雄。建议各大卫视投拍一档名叫《翻滚吧狐狸》的综艺节目，用来记录这帮家伙每一个倒地放铲和满地打滚的精彩瞬间。

第三，防守，然后反击。联赛的上半程，莱斯特城的防线基本就是个豆腐渣工程，前10轮就丢了18球，其中一轮甚至被阿森纳残暴地送上了五子连珠。不过调教防守对于一个来自亚平宁的老牌教头来说，可算不上是什么难题。日积月累间，胡特与摩根的默契度不断上升，由这对2015—2016赛季英超联袂首发并打满全场次数最多的中后卫所领衔的防线，也有了点铜墙铁壁的味道。在被阿森纳血洗之后，莱斯特城没有哪场球的丢球数会多于两个；而最后10轮，他们更是完成了7次零封。扎紧了篱笆，才能给他们策马扬鞭纵横千里的底气。

于是，噔噔噔噔，瓦尔迪和马赫雷斯的反击二人组闪亮登场了。

这两个家伙没有任何巨星相可言。一个佝偻着背，总是用小混混收保护费时的眼神凶狠地环顾四周，和他对视后的3秒之内，“这货是不是要Fuck我全家”的念头就会条件反射般地出现；另一个身材瘦小，眨巴着一双人畜无害的大眼睛，谁也不确定这位长得像中东难民一样的兄弟能不能解决自己的温饱问题。

不过，就像全地球人民都已经知道的那样，瓦尔迪和马赫雷斯的二人转已经闪耀了整个英伦。瓦尔迪成为了高位逼抢的重要棋子，把每一次球权都看作鲜嫩的肥肉，像饿狼一般不厌其烦地发动捕食；并且每场球都要对着“冲刺”和“射门”这两尊大佛顶礼膜拜，仿佛不来几趟全力加速后的精妙抽射，球队就不给发工资一样。马赫雷斯则充当了由守转攻时最值得信赖的得球点，他擅长用鬼魅的盘带把对面立足未稳的防线戏耍成一帮二愣子，那一脚脚内切后的左脚打门简直让人看到了无数英雄人物的光辉形象，在眼前若隐若现。

在拉涅利坚守的防反战术中，瓦尔迪与马赫雷斯的二人组发挥了1+1>2的功效。两人的励志故事或许已经传遍了街头巷尾，而他们包揽记者协会和球员工会所颁发的赛季最佳球员奖项的圆满结局，也为这趟光辉的征途画上了耀眼的注脚。

2016年2月，拉涅利在某次采访中说过这么一句话：“在这个金钱衡量一切的时代，我认为我们给了每个人希望。”当煲出这碗热腾腾的心灵鸡汤时，不知道拉涅利的脑海中是不是闪过了13年前的那个夏天。

当时，拉涅利的面前堆着的是1.2亿英镑的钞票，财大气粗的阿布同志大手一挥，派他打造出一支举世瞩目的蓝色舰队。只可惜，拉涅利的保守和迂腐让切尔西在双线作战中功亏一篑。于是他空留下一声叹息，眼巴巴地看着穆里尼奥继承了自己的事业。

实际上，与不少人的惯性思维相左的是，莱斯特城的成功很难和艰苦朴素的小本经营挂上钩。根据权威网站transfer market的统计，2015年夏窗中莱斯特城的净支出达到了3053万英镑，全英超只有6支球队比他们更能烧钱。而胡特、坎特和冈崎慎司等人的加盟，也推动着球队迎来了全方位的提升。不可否认的是，曾经看似卑微的莱斯特城扮演着金元浪潮中的追随者和获益者；如果没有资本的堆砌，弱者逆袭也只可能是苍白的意淫。

因此，从金钱这个节点切入的话，莱斯特城夺冠的背后，所潜藏着的必然因素顿时水落石出——这是一个遵循职业足球的自然规律，然后才一鸣惊人的案例。除了加大投入之外，单线作战和保持健康也为这出好戏奠定了基础。

从2016年1月22日开始，莱斯特城的作战任务就全部落在了英超的赛场上。虽然板凳深度存在着明显的短板（拉涅利整个赛季只用了23位球员来踢联赛，这个数字是英超最少的），但是赛程的相对宽松还是与各路豪门N线作战的负担形成了鲜明的对比。

另外，伤病也似乎与这匹进击的狐狸绝缘。整个赛季下来，除了“喝水哥”德林克沃特曾因腿筋伤势休战2周外，其他的主力球员则完全与医疗室绝缘。很神奇吧，这样的故事居然发生在以拼抢和肉搏而闻名的英超赛场上。

当然，竞技体育的迷人之处，就在于理性与感性的完美交融。当我们剥离掉客观得有些僵硬的分析之后，精神上的闪光才最让狐狸城为人所着迷。

即使各家传统强队的集体疲软早早就成为了定局，当初几乎还是没有人会相信，从2015年底开始抢占榜首的莱斯特城会成为最后的赢家，在莱斯特城持续占据榜首3个月后，人们还是更倾向于认为阿森纳、热刺会最终夺得冠军。人们愿意相信阵容厚度，愿意相信争冠经验，愿意相信关键时刻超级巨星的个人能力，愿意相信眼前的奇景不过是稍纵即逝的海市蜃楼罢了。

莱斯特城就像个平常只有二本水平的高三学生，猛的一把在模拟考上冲上了重点大学的分数线。外人会瞪大眼睛，送上几句鼓励，却不敢相信短暂的爆发能够成为常态。不过就像自家的座右铭“狐狸永不退”（Foxes never quit）那样，莱斯特城——这块带着一身痞气的滚刀肉，叼着烟头踩着人字拖闯进了上流社会的高端聚会，挣脱开了固有观念的牵绊，然后一脚踩上舞台，成为了独一无二的主角。

莱斯特城的横空出世，就像是工人阶级对精英阶层的强力反抗。当全英超都在仰望着单前锋和地面短传的丰碑时，拉涅利弯腰捡起了英伦足球的风骨——奔跑、逼抢、双前锋和百分之一千的积极性。

固然他们不顾观赏性而全力追求结果的务实主义会被认为是对现代足球的逆行，固然他们在公平竞赛积分榜上排名垫底，野狗般的撕咬式防守也总是时不时地与“肮脏”挂上钩，但是成王败寇的道理永远都不会过时。如果没有强大的精神力量做催化剂，那么这支曾经还只能苟活于顶级联赛的鱼腩球队，就不可能靠着一种勉强保住饭碗的踢法迈进了至高的殿堂，而且无声无息地展露出了王者风范——连续多轮的1：0，而且在获得领先的情况下，莱斯特城所抢下的分数是全英超最高的。

而进入2016—2017赛季，闯入欧冠的莱斯特城也被一致看衰，很多人认为因为莱斯特城的加入，本届欧冠将成为英超球队在欧冠历史上的最弱现身。然而，小组赛前五轮，莱斯特城豪取4胜1平，羞杀曼联、阿森纳、切尔西等英超豪门，以英超球队在欧冠开局的最好成绩提前小组出线，又一次展露了自己的励志属性。

这个时代里，励志是一件特别廉价的事情，满世界的营销号里都足以让人看到呕吐的心灵鸡汤。但是，当真实的绿茵场为这样震撼的故事提供了场地支持时，所产生的效应已经无须赘述。20世纪末，国内有一支名叫地下婴儿的摇滚乐队，他们在代表作《觉醒》里写过这么一段歌词：“我要把那热血和大便，通通抛在这旗帜上面。”没错，莱斯特城，是时候尽情地狂欢，把沸腾的激情和那些嘲笑与漠视都抛向猎猎作响的战旗了。

最后，在这里附赠一本《50年狐狸城死忠装X指南》。半个世纪以后，如果你的孙子和你聊起莱斯特城的故事，你可以扶一扶老花镜，然后用一种看破红尘的神态搬出下面的这些套路。

初级版："不能忽略阿尔布莱顿的作用，他可是那个赛季队内传威胁球次数最多的球员。"

中级版："克拉马里奇始终没能融入球队真挺让人遗憾的，不过冬窗时转投霍芬海姆倒也是个明智的决定。"

高级版："当年瓦尔迪在斯托克桥公园钢铁队出场107次打进66球，进球效率已经相当高了啊。"

骨灰级版："我认为莱斯特城之所以能夺冠，泰国老板Srivaddhanaprabha也绝对功不可没。相信爷爷，绝对不会拼错的。"

/马竞/

披星戴月　换一个天亮

在球场上，听着最令人难受的一个词，大概就是虽败犹荣。

这个词看着温情，实际上却是个可有可无的背景，它衬托着冠军高举奖杯的身影，加强着庆典时激昂的乐曲，败者坚持到最后一秒，轰然倒地时扬起的尘土，被隐没在胜者欢庆时漫天飘扬的彩纸中，颓然，且不起眼。2016年5月29日，意大利米兰圣西罗球场，马竞再一次倒在皇马脚下，与欧冠冠军失之交臂。

没人会甘愿做一个光荣的失败者，西蒙尼在赛后说，失败就是失败，没人会记得亚军。就像2016年美洲杯失冠后因失落退出国家队的梅西一样，由于伤心到极点，西蒙尼甚至流露出离开马竞的想法。

三年两次进军欧冠决赛，无论放在哪个豪门身上，都是一个很牛逼的成绩。然而，两次全部落败，再加上40多年前的那场，三战三败，又是一个很苦涩的结果。

两年前的那天，拉莫斯最后半分钟扳平比分的头球有多激动人心，马竞在加时的崩盘，就有多令人扼腕叹息。而这次，经历过点球不进、扳平比分、拖入加时后，马竞倒在十二码的身影，似乎更加悲壮。

这种情形，星爷早在《喜剧之王》里就命名过了，跑龙套的，前面还要加个字，死跑龙套的。

在西蒙尼拿起教鞭之前，人们对他最深刻的印象，大概还要追溯到遥远的

1998年世界杯，阿根廷与英格兰的那次比赛。西蒙尼铲倒小贝，躺在地上的小贝伸出右腿，报复性地回踹，老道的西蒙尼立刻抓住机会，如同被小贝的内功所伤般，痛苦倒地。

于是，年轻的小贝领到了那张几乎令他一败涂地的红牌，少打一人的英格兰在点球大战中不敌阿根廷，惨遭出局。于是，那年的小贝，成了整个英格兰的罪人。后来人们回忆起这场比赛，也总是会提到西蒙尼，这个人啊，蔫坏蔫坏的。

这点是不用置疑的，即便是穿着西装的这些年，西蒙尼也从未想过要当一个君子。单说最近的比赛，马竞和埃因霍温的那场点球大战，前七轮两边全部命中后，西蒙尼挥舞着手臂，鼓动起了马竞球迷山呼海啸般的嘘声。

面对着球门的埃因霍温小将纳尔辛格被嘘软了腿，点球罚失，马竞艰难晋级八强。你看，这个西蒙尼，多么无赖。

也是西蒙尼，在接手马竞的第一个赛季，被巴萨皇马六连杀，狼狈不堪，片甲不剩。直至2013年在国王杯决赛击败皇马的一战，他们才开始逐渐硬气，可以和这两位霸主掰掰手腕。

这赛季的他们，道路更不平坦，一路连接迈过了荷甲冠军埃因霍温、西甲兼卫冕冠军巴萨，还有德甲冠军拜仁，才换来了决赛的这场马德里德比。赛前的采访，西蒙尼是这么说的："我们已经击败了世界上最好三支球队中的两支。""没有复仇这个说法，我们获得的是一个证明自己的机会。"

说话得体、言辞谦逊的他，和因为换人慢了几秒，就在场边暴跳如雷，一巴掌拍向自己俱乐部工作人员的那个他，仿佛不是同一个人。你看，这个西蒙尼，又是多么圆滑。

一路看来，这几年，马竞确实是和西蒙尼一起成长的。狡黠、铁血，无赖、纪律，匪气、专注，这些看似杂乱的词语都被他们揉进了自己的骨子里，融进了血脉，成就了如今这个不具一般性的豪门球队。

一直以来，有太多人不喜欢马竞的踢球风格，因为他们仿佛总能把好好的一场球，踢得稀碎。全队从教练到球员，都对抢断和防守有着极大的热情，他们擅长高位逼抢，擅长尺度暧昧的犯规，全场寻觅着机会，不遗余力地切断对手的传球线路。

但是，就战术而言，是没有高贵低贱之分的，有的只是适不适合，和执行得到不到位。

而且，对于马竞这样一支从未染指过欧冠奖杯的球队，一支几年前还负债好几个亿的球队，一支全队身价只有对手一半的球队，他们打拼的姿态，可能真的没法做到多优雅。

犯规战术，另一个说法叫踢得脏，但是他们也付出了相应的代价，该拿的牌都拿了，他们研究着裁判的尺度，以便更准确地拿捏尺度。高位逼抢，需要付出的是长距离的跑动，他们也认了，所以他们的最后20分钟比赛，常常风声鹤唳，看得人心惊肉跳，他们是真的没体力了。

他们就是想赢，不惜代价，不吝奔袭。就像星爷被赶出片场后，面对着挥过来的锯子，也要伸手去拿自己该得的那份盒饭。

认吃也认打，这种球队，即便是输，也是令人服气的。

而且，这几年他们的表现分明在向世界宣告着，他们不会一直输下去的。

这场比赛，从常规时间踢到了加时，又踢到了点球，从深夜一直踢到黎明。胡安弗兰打中门柱后，镜头中他的表情，已经不能简单地用悲喜来形容。体能加精神的消耗，他累到已经没有了表情，那种木然，反而更令人觉得心酸。

但是，当他走向看台，给球迷们鞠躬致歉时，看台上的他们，却都起立鼓掌，没有犹豫，没有埋怨。这里不是卡尔德隆，但是在他们心里，每一个认真拼搏过的，都是英雄。

相比于站在巅峰，向上攀爬很难。而且攀爬的时候，会有落石，会有荆棘，会有很多次脚步没有踩稳，滑落的距离比前进的还要多。很多人都止步在黎明前的那段黑夜里，因为黑夜太长了，长到令人绝望。只有很少的人坚持下来了，披星戴月，满身疲惫，步履蹒跚地走向暂时还没有出现，但一定会光芒万丈的朝阳。

“你看，前面黑漆漆的，什么都看不见。”

“也不是的，天亮了就会很美。”

/ 曼联 /

历经磨难终渐入佳境

自弗爵爷退休之后，作为世界上最庞大足球俱乐部球迷群体的曼联球迷一次次被曼联的糟糕战绩所折磨，曼联在英超的统治力大大下降，被中下游球队暴虐的情况也司空见惯。在2016年夏季，球队迎来了很多人心中的世界最佳主教练穆里尼奥、2015—2016赛季欧洲银靴伊布、世界足坛标王博格巴、2015—2016赛季德甲助攻王姆希塔良，曼联球迷又一次燃起了对冠军的憧憬。

然而，曼联在联赛的开局让人大跌眼镜。当我们将时间拨回到2016年12月5日，曼联在比赛的最后时刻再次犯错，最终被埃弗顿逼平。红魔球迷有理由感到愤怒，他们的主队在过去两个月的联赛中只拿下了陷入困境的斯旺西，14轮21分的成绩创下了球队英超历史最差纪录。此时外界对穆里尼奥的质疑声达到了顶点。球队在夏季花重金签入博格巴、姆希塔良、伊布等巨星，依然无法改变联赛乏力的局面。很多球迷都对穆里尼奥失去了耐心，认为特殊的那一个已经不具魔力，刚刚起航的巨舰就已深陷泥潭无法自拔。

但是以老特拉福德主场战胜热刺为标志，穆里尼奥的球队逐渐找到了感觉，全队随着磨合成型渐入佳境。随后，无论是英超、欧联还是国内杯赛，都无人能够阻挡红魔前进的脚步。截至2016—2017赛季第24轮，曼联以一波联赛14场不败、联赛杯闯入决赛的不俗战绩，有力地回应了质疑。

及时变阵，改造中场

2016—2017赛季之初，穆里尼奥排出了4231的阵形，但是效果不佳。尤其是博格巴，在双后腰的战术中表现挣扎，一时“水货”的声音从四面八方涌来。而伊布虽然还是能够进球，但是他在前场缓慢的移动让曼联无法打出快速的进攻，只是进球还无法拯救球队。另外德甲表现出色的姆希塔良赛季初因为伤病迟迟无法融入球队。

这种情况下，穆里尼奥展现了改变的魄力。其实在连胜开启之前，曼联的阵形已经做出了调整。葡萄牙人将阵形换成了433，球队在和埃弗顿的比赛中表现出色，但是费莱尼最后的犯规葬送了全队整场的努力。

虽然433阵形是穆里尼奥的成名绝技，在首次入主蓝桥时正是凭借这一阵形横扫英超，但是红蓝433，却在内容上有着本质的区别。在曼联阵中，并没有像埃辛那样的“兽腰”扫荡中场，也没有罗本和达夫那样的超级边锋。穆里尼奥打造的433战术中，重点就是改造中场。

卡里克：低调的中场大师

1981年出生的卡里克是队内资历最老的球员之一，10年的时间眨眼而过。当初被许多红魔球迷评价为速度慢、防守漏勺、进攻看不见人的卡里克，现在依然是队中不可或缺的一员。球场上的进球和助攻总是最能打动球迷，但是有些球员的作用，很难简单地用进球或者助攻来衡量，卡里克就是其中一位。

赛季初博格巴在双后腰的体系中承担着很重的回撤拿球任务，无论他的搭档是费莱尼还是埃雷拉，都有着明显的缺陷。费莱尼体魄出色，但是脚下技术粗糙，无法将球控在脚下。而埃雷拉活动范围大，有脚下技术，但是对抗差，一旦遭遇身体对抗便容易丢球。因此博格巴有必要将更多精力放到回撤接应拿球之上。

但是由于队友的接应不够好，加上他依赖脚下技术出球不够果断，非常容易陷入对手的包夹之中。同时中场缺乏足够的持球点，也让对手的防守更加简单有针对性。只要掐死博格巴这一点，曼联的中场就非常容易陷入瘫痪。

而穆里尼奥的三中场体系中，可以最大地弥补卡里克身体上的劣势，发挥他能够持球控制节奏，风格简洁的特点。

433的优势之一就在于三名球员占据中场，彼此保持距离的情况下能够拉开中场的空间。这样的安排有助于弥补卡里克身体下滑速率偏慢的弱点，让他在后者有足够的空间处理球，出色的视野以及传球脚法有了发挥的余地。作为中场来说，卡里克的长传功力同样深厚，当卡里克在场时，他和博格巴都有发起长传进攻的能力，这就意味着对手的防守压力更加大，不仅要防止地面渗透，还要避免被长传球打身后。

埃雷拉：跑动注入活力

埃雷拉作为中场来说，优缺点都很明显：活动范围大，脚下控球能力不错，无球移动聪明，但是缺乏身体对抗，防守选择不算明智。这意味着无论是后腰还是前腰，他都难以很好地发挥作用。但是在433体系下，后有卡里克控球前面博格巴做持球点，埃雷拉可以利用自己活动范围大，擅长无球跑动的优势为球队带来活力。

在进攻端曼联在前场有足够的持球点，伊布、博格巴、姆希塔良、马夏尔等人都有很强的持球与突破能力。他们的存在意味着对手的防守重心必须要时刻地保持在这些球星身上，必要的时刻要排出两人甚至三人进行包夹。这就意味着球场的其他地方会露出空当。埃雷拉在场上就能够很好地利用这些空间，他的无球移动很聪明，懂得观察场上的形势，能够在正确的时间出现在正确的位置。

而在防守端，埃雷拉对于曼联的作用也至关重要。卡里克运动能力不足没有覆盖，博格巴位置前压难以保证到位率，而埃雷拉用自己不懈的跑动撑起了曼联中场的防守。虽然埃雷拉在防守时的一些选择不是很好，但是穆里尼奥看重了他的覆盖范围以及职业精神，最大程度上弥补了队友的不足。

博格巴：用行动为自己证明

在赛季初始阶段，博格巴的表现难以令人满意，一次次地陷入重围，一次次地丢球，一度被其他球迷嘲笑为曼联队史最大水货。而在新的三中场体系中，博格巴的表现也随之回暖。

截至联赛第20轮，法国人在联赛中一共创造了37次得分机会，其中三十米区域中路这一块接近八成。从这组数据中我们可以看出博格巴必须在更加靠近禁区的位置才能发挥自己最大的作用。而穆里尼奥选择将卡里克和埃雷拉作为法国人的搭档，将他从后场解放出来，为他创造更多的空间。博格巴在前场可以更轻松地拿球，无论是前插还是送威胁球都是他的拿手好戏。

后排插上也是博格巴重要的进攻手段。位置前移后对手的防线压力更大，博格巴获得的空间也更多。而当在后场拥有卡里克这样的队友时，只要把握住时机，英格兰人总能用准确的传球找到队友。

三名中场之间的分工非常明确，博格巴在靠前的位置上负责直接攻击球门，完成最后一传一射。其实博格巴无论是在国家队还是在尤文图斯，发挥最好的场次都是在三中场的体系下，这样可以最大程度地释放他在进攻端的天赋。

德甲最佳，融入英超

姆希塔良作为2015—2016赛季的德甲助攻王，在各项赛事中代表“大黄蜂”出场51次，攻入23粒进球且奉献32次助攻，实力毋庸置疑。令人遗憾的是英超与德甲风格迥异，球员需要时间来适应，但是伤病来袭让前多特核心没有办法获得稳定的出场时间，赛季初段只能与板凳为伍。

幸运的是，姆希塔良在球队最困难的时刻找回了自己的比赛状态，成为了攻击线上不可或缺的一环。在曼联新赛季的战术体系中，无论是4231还是433，只要没有伤病，伊布就是当仁不让的首发中锋。瑞典人的实力出众，能够成为前场的支点，护球分球进球都不在话下。但是大奉先已经35岁了，而且他本身的跑动能力就不强。这就需要前场的队友增强跑动，一方面在防守端压迫对手弥补伊布防守端的缺失，另一方面也需要串联中场，在合适的时间为进攻提速。曼联的前场中，马夏尔具备速度与突破能力，但是更像一名射手，不擅长串联组织。马塔传射俱佳，但是身体较弱，没有速度与突破能力，活动范围小。林加德擅长跑动，活动面积大，但是技术相对粗糙，持球能力较弱。在这种情况下，姆希塔良可以很好地填补前场的空缺。

而无论是在进攻端还是防守端，姆希塔良都是一名乐于投入精力的球员。在433体系下，对于边路的防守要求是很高的。球队在中场人数不占优势的情况下，一旦两名边锋回防不到位，本方的边路就容易攻击，此时三名中场必须要拉边协防，导致中路人数减少，引起一系列连锁反应。因此姆希塔良能够在防守端很好地完成任务。

姆希塔良具备着不错的脚下技术与速度，这让他能够完成中距离的推进任务。这对于整体进攻节奏偏慢的曼联来说是非常重要的。姆希塔良的上场意味着曼联拥有突然起速的能力，这让球队的进攻更加难以防范。

除了出色的向前推进以及传球，姆希塔良最大的特点就在于得分能力。2015—2016赛季在多特打入24球足以证明他的能力。2016—2017赛季截至第24轮，他在有限的出场时间内已经打入了3球并完成3次助攻，场均有2.3次过人。

连胜之下，仍存隐患

穆里尼奥改造后的433，对于中前场的整合起到了很好的效果。中前场引入的三名球星都有着出色的发挥。同时穆里尼奥在战术上已经最大程度地弥补了中场防守上的问题，但是面对体魄或者个人能力出色的球队时，曼联的中场还是难以应对冲击。此外，曼联的进攻过于依赖伊布，无论是鲁尼、马夏尔还是拉什福德，都没有很好地发挥出2号前锋的应有表现，一旦伊布无法取得进球，球队就很难撕破对方的防线，联赛24轮仅取得36个进球，在前六的球队中是最少的。

/ RB莱比锡 /
为何能登上德甲榜首?

2016—2017赛季开始前，当这支成立仅7年的争议球队开始首季德甲之旅时，恐怕没有多少人知道他们的能量。但到12轮战罢，当RB莱比锡雄踞积分榜首时，全世界球迷的目光早已凝聚于此，而更令球迷好奇的是，究竟什么原因，让“东大王”如此迅速地占领山头，让一出奇迹在这个前东德的城市正在上演呢?

他们知道如何规划球队

如今提起RB莱比锡，相信球迷们首先想到的便是球队强有力的所有者红牛集团，这让莱比锡成为了德甲赛场名副其实的土豪球队。在金钱的支撑下，莱比锡自2009年成立仅用了7年时间便完成了四连跳进入德甲。2016年夏天，球队更是投入了高达4650万欧元用以引援（转会投入排在德甲第四位）。由于夏季几乎没有卖人收入，这让莱比锡在2016年夏德甲净投入方面高居榜首。

莱比锡并不只会砸钱。红牛高层深知切忌外行指导内行，于是请来了霍芬海姆奇迹的缔造者朗尼克掌舵，而后者则为莱比锡制定了清澈而又准确的发展规划。在杀入德甲后，朗尼克又为球队请来两年内把德乙“副班长”因戈尔施塔特带到德甲11名的哈森许特尔接过教鞭。门兴体育总管艾贝尔称赞道：“莱比锡有钱不可怕，可怕的是他们还有规划，这让这家俱乐部显得非常特别和危险。”

他们年轻而且无畏

莱比锡的重要规划在哪里？答案是瞄准未来！朗尼克介绍道：“我们有自

己的转会策略。只有球员能在我们这里继续成长并且有望提高身价时，我们才会考虑签下他。”正是这样的规划，让莱比锡成功网罗了诸多处于成长期的优质“小妖”，如20岁的韦尔纳、22岁的萨比策、22岁的波尔森、21岁的塞尔克以及21岁的凯塔。

事实上，在莱比锡的主力阵容中，仅有中后卫康佩尔一人是80后，其余球员悉数为90后球员，这样球队的主力阵容平均年龄仅有24岁，进而成为了德甲最为年轻的球队。年轻意味着朝气，朝气意味着无畏，这或许就是如今莱比锡引以为傲的优势和特点。当然了，不要忘记莱比锡的兄弟球队萨尔茨堡红牛、纽约红牛和巴西红牛，他们始终在为莱比锡培养着新鲜血液。

他们的防线值得信任

出色的防守永远是一支球队立足于德甲的关键因素。2015—2016赛季，RB莱比锡在德乙赛场便展现出了最好的防守，在34场比赛中仅失掉了32个进球。来到德甲后，他们这条默契的防线依然稳固，12轮联赛后仅失10球位列前三，仅有拜仁与科隆的表现要高于他们。

在这其中，德甲老将康佩尔以及前德国U21国脚奥班组成的中路防守格外稳定。虽然克洛斯特曼重伤未愈，但是新援贝尔纳多、施密茨等人成功弥补了他的位置，与另一侧的哈尔斯滕贝格遥相呼应。前12轮联赛，这条防线只让对手完成了105次射门，只有拜仁的防线（89次）比他们做得更好。

他们的边路无比恐怖

年轻人的速度是你所想象不到的，百米速度高达11.1秒的韦尔纳、被誉为新一代“奥地利球王”的萨比策，让他们在中锋波尔森（或者塞尔克）左右两翼不断游走，牢牢带动着莱比锡在进攻端的速度，而两人前12轮已经联手贡献了11粒进球和5次助攻。此外，别忘了哈尔斯滕贝格等边后卫不知疲倦的助攻。

在前12轮莱比锡笑傲德甲的27粒进球中，边路进攻的贡献超过了七成。《图片报》在解析中着重提到了莱比锡的边路，“他们的速度在这里得到了最好的释放，边路的空间是他们产生威胁的最佳选择”。

他们会多跑一公里

当然，年轻人有的不仅是速度，更为重要的是体能。在哈森许特尔的战术理念中，球队高节奏的攻防转换依赖于超强的奔跑能力，而莱比锡一众年轻人显然具备着这样的条件。前12轮，莱比锡平均每场比赛全队跑动距离达到116.4公里，在德甲所有球队中遥遥领先，比排名次席的球队要多出1公里。

良好的体能为球队带来的帮助不言而喻，这让莱比锡在比赛的最后阶段往往保持着十足的火力。这就意味着他们前12轮在比赛的最后15分钟内完成了至少7粒进球，而在这些比赛中他们取得了全胜。在德甲，只有勒沃库森、多特蒙德和美因茨在该时间段有更多的进球。

他们拥有梦幻般的福斯贝里

你是否还在为伊布退出瑞典国家队而感到遗憾？不过没关系，因为如今的瑞典队已经有了伊布的接班人，那就是福斯贝里。2015年1月，福斯贝里自马尔默队来到了莱比锡，并在2015—2016赛季开始展现出球队核心的风采，8球7助攻的表现让他成为2015—2016赛季德乙最佳球员，而《踢球者》杂志更是称赞其技术水平远超德乙水平。

来到德甲，福斯贝里依然是莱比锡队内表现最好的球员。他的传球和突破能力常常能够犀利地撕开对手的防线，而细腻的技术则让他成为了球队前场任意球的主罚者之一。此外，福斯贝里还拥有着震惊四座的远射能力。前12轮，福斯贝里完成了5粒进球和7次助攻，其助攻数居德甲榜首。

他们拥有着强大的替补席

2016年夏天，莱比锡总投入高达4650万欧元用以引援，再加之从兄弟球队萨尔茨堡红牛带来的诸多新人，这让如今的莱比锡人员齐整、战力充足。前12轮，莱比锡已有20名球员实现登场，在德甲仅次于多特蒙德和沙尔克04。

如此状况自然让球队的队内竞争格外激烈，2016年夏天重磅引援的伯克在前12轮中出场10次，有9次为替补登场，而德国国青队主力前锋塞尔克7次登场中也有6次为替补。不过，如此强大的替补席为球队带来了充足的补充，前12轮球队替补球员完成了7粒进球，这在德甲球队中位于榜首。

他们拥有着强大的主场支持

莱比锡是前东德地区第二大城市，这里拥有着丰富的足球历史（德国足协便成立于此）和狂热的铁血球迷。不过自2009年科特布斯降级后，前东德地区就再也没有一支球队出现在德甲赛场，而自1998年以来，莱比锡更是没有一支球队参加过职业联赛，所以这里的球迷迫切渴望着拥有属于自己的球队，而RB莱比锡队的出现无疑成为了这座前东德城市的宠儿，并在成立后的几年间拥有了大量的拥趸。

相比较每逢客场要面对的球迷攻击与嘲讽，莱比锡的球迷从不在乎所谓的“50+1”政策，更不会计较球队一系列争议的举动。看看2016—2017赛季开赛以来莱比锡那场场爆满的主场，便是球迷支持的最佳证明，而莱比锡更是在前12轮中的5个主场用4胜1平的战绩回报了球迷的支持。此外，红牛集团已计划将球队主场，即可容纳44,199名观众的莱比锡中央球场进行扩容。对了，这个举办过2006年世界杯的球场如今已经更名为红牛竞技场。

/皇马/

闪耀银河的足坛绝技

足球场上，各路巨星闪转腾挪英姿飒爽，在他们的脚下足球或成为水墨丹青的国画，或成为矫若惊龙的书法，或成为气势磅礴的歌剧，或成为八面玲珑的楼院。皇马素来有“银河战舰”的美称，很多大牌球星都在皇马留下过光辉的痕迹，齐达内、劳尔、古蒂、贝尔等人都在这支银河战舰中施展过自己的绝技。

齐达内：马赛回旋

作为世界足坛最优秀的中场球员之一，齐达内在足球历史中绝对是举足轻重的人物。三度世界足球先生、世界杯冠军，再加上俱乐部的各种冠军让他荣誉满身；优雅的球风、细腻的技术使其备受球迷们的崇拜，看齐达内踢球就是一种享受。2001年，齐达内以6500万美元的身价加盟皇马，要知道当时的齐达内已经29岁，但皇马还是不惜以当时的世界第一身价签下他，足以证明齐祖的价值。

毫无疑问，马赛回旋完全可以代表齐达内简约而华丽的足球风格。马赛回旋的简约在于这个动作本身并不复杂，当皮球在你前方时，你可以用一只脚踩住球，身体顺势转身用另外一只脚将球顺过防守球员。不过如何运用好，如何掌握最佳时机则是个技术活，齐祖在这方面就是马赛回旋的教科书，无论在自己带球时还是争抢球权时，他总能控制好皮球。

扫描观看

享受！足坛最迷人的50大技能

其实马赛回旋最早成名并不是来源于齐达内，而是马拉多纳，马拉多纳在比赛中经常使用这个动作，同时他也是第一个把此动作带到欧洲赛场的球员，所以在国外这个动作也被叫作“马拉多纳回旋”。与马拉多纳使用此动作相比，齐祖由于身高更高，他的“马赛回旋”显得更加漂亮、优雅。

古蒂：脚后跟助攻

银河战舰从不缺少帅哥，“金狼”古蒂就是其中之一，飘逸的金发、帅气的脸庞也代表着他潇洒自如的足球风格，他的直塞总是可以撕破对方的防线。他在皇马曾尝试过前腰、左边前卫、右边前卫、前锋和后腰等多个位置，是名副其实的万金油，每当球队出现人员危机时，教练第一个想到的就是这位金发小伙。也许古蒂在豪华的银河战舰中风头不明显，但他却是皇马不可或缺的人物。

古蒂最拿手的绝活当然是他的脚后跟传球，与他的风格一样，古蒂的脚后跟传球用潇洒神奇来形容一点也不过分，他的脚后跟传球就像脑后长眼一样精准，同时又非常突然，总是出人意料，他总能准确观察到场上的形势来进行关键一传，这就是古蒂的价值。

劳尔：挑射吊门

提到皇马，劳尔这个名字怎么可能忽略呢。白衣飘飘的年代，劳尔的斗牛舞是马德里的符号，是西班牙的灵魂。这位金童为皇马奉献出了他的全部，正式比赛出场741次打进323球，时至今日仍有许多皇马球迷在怀念那个每次进球后亲吻手指的男人。作为一名前锋，劳尔在场上始终保持清醒的头脑，巴乔就评价他：“我喜欢劳尔的踢球风格，他踢球非常有智慧，那不是轻易可以模仿的。”所以就和他的风格一样，挑射这个四两拨千斤的动作成为了他的最爱。

被吊门无疑是守门员最厌恶的丢球方式，每次球在头顶上划过时，门将都将体会到被戏耍的耻辱感，而劳尔则喜欢用这种方式。当他面对门将时，他可以在任何角度吊门得手，同时劳尔的脚法也多种多样，他可以原地直接挑射，也可以搓皮球底部，只要门将的站位稍稍靠前，你就等着被羞辱吧。

贝尔：传给3秒后的自己

不知何时，“传给3秒后的自己”成为了国内网络上球迷们流行的话语，句意很容易理解，就是形容一个人速度很快，大步流星直接用速度碾压对方，而这句话所专指的人就是“大圣”贝尔。让我们把时间调回到2010年10月21日的那场欧冠小组赛，热刺虽然3：4负于国米，但这场比赛却成就了贝尔，在0：4落后的情况下，贝尔上演帽子戏法，这3粒入球，几乎是在同一角度，且前两球都是从中场附近一路带球杀进禁区得分，国米的后卫线根本跟不上贝尔的速度。第二回合在白鹿巷，贝尔又上演了助攻帽子戏法，这3个助攻都是在左路利用速度强行过人传中所得，同时这场比赛也是麦孔的耻辱战，从此麦孔的状态一蹶不振。贝尔“传给3秒后的自己”的故事也就从这里开始了。

在创纪录加盟皇马后，贝尔也将此绝技带到银河战舰。2014年与巴萨的国王杯比赛贝尔又惊呆了所有人，面对巴尔特拉的上抢，贝尔直接把球踢到身前的大范围无人区域，巴尔特拉想阻挡贝尔，但大圣就像棒球场上跑垒一样直接从外道强行超车，巴尔特拉面对如此恐怖的速度也是无可奈何。

随着在皇马的成熟，“传给3秒后的自己”也不只拘泥于左路，如今贝尔可以在任何位置施展此绝技，欧洲杯上贝尔的表现证明他已经成长为一名领袖。

莫德里奇：外脚背传球

低调又风骚的中场大师，这恐怕是很多人对莫德里奇的评价。就像“魔笛”这个绰号一样，莫德里奇经常会献出一些充满魔力的传球，皮球就像被施了魔法一样按照莫德里奇制定的线路飞去，所以用“风骚”这个词来形容魔笛的足球风格太合适了。莫德里奇在场下又非常低调，他不爱说话，但总是会用行动去证明他的存在。

外脚背传球是莫德里奇最拿手的绝活，他的动作非常协调，不管是短传还是长传，不管是助攻还是调度，魔笛总能用外脚背把球输送到最佳位置。在现代足球越来越强调稳定，越来越多的人选择脚弓传球时，这种传球就显得极其惊艳。如果你在踢球时奉献一脚成功的外脚背，相信身旁的人都会发出“哇”的声音。

C罗：电梯射门、强力头球

有段时间，C罗曾被称为“浪射王”，指的是他经常不顾队友的跑位而擅自外围远射，当然这指的是C罗有时对射门时机把握不准确，不过这绝不是批评他的射门技术，其实C罗作为一名射手就是靠射术立家的，C罗的射术在当今足坛上绝对是前五水平。来到皇马之后，C罗的射门技术发生了一定的改变，在曼联时期，他的射门往往像对阵波尔图的那脚外围轰射，平直而快速，就像一枚子弹一样，而现在他的射门基本转化为“电梯式”，就像导弹一样在空中能划出上下左右的弧线，令守门员不到最后一刻无法判断出皮球的最终落点。在很多场比赛中，C罗都是凭借这种射门击败对手，拿下比赛。

关于C罗的射术，《阿斯报》就曾披露出他射门时的特点：“他射门时下半身所有肌肉同时发力，他的腹肌、臀肌、大腿、膝盖、脚踝、脚步甚至脚趾都发出了全力。另外在射门时，C罗会增强手臂摆动，以提升球速和爆发力。”这样的射术是需要强壮的身体素质和多次训练才能拥有的，无疑C罗的勤奋让他做到了这一切。

另外C罗的头球也是他的拿手绝活，从他刚加盟曼联时，C罗就逐渐开始展现他惊人的头球能力，他并不是传统中锋，但他总能够力压对方后卫，高高跳起头球得分。相信大家在看过C罗对阵曼联和威尔士的两粒头球之后，就会感叹C罗的弹跳是多么恐怖，在空中他竟然可以把身体弯成弓形来争顶，这不是能轻易做出来的。另外C罗在移动中的起跳以及惊人的弹速也是他空中优势的资本。

/巴萨/

梦幻宇宙的足坛绝技

巴萨历来以华丽的进攻和精巧的技术而著称，梅西、小罗、伊涅斯塔等人经常会有精妙绝伦的表演，他们也有很多属于自己的绝招。

伊涅斯塔：油炸丸子

油炸丸子这个动作非常简洁实用，第一步用一只脚横向拨球，第二步用另外一只脚将球送出，摆脱对方的防守，非常好学。不过要想真正把油炸丸子用好可不是一件简单的事，首先需要准确把握对手上抢和运用动作的时机，其次双脚的球感必须出色，皮球必须在自己的控制范围内，所以这一切的一切就与伊涅斯塔完美契合了。

作为效力巴萨多年的老将，伊涅斯塔如今在队中的作用绝对是不可估量的，他既是球队的队长，又是中场核心，MSN固然风光，但巴萨决不能缺少伊涅斯塔。说到伊涅斯塔的技术风格，完全可以用油炸丸子这个动作来概括，简约而实用，平静而优雅。小白最喜欢使用油炸丸子，而油炸丸子也陪伴着他度过他的足球岁月。

扫描观看

防不胜防！晃翻对手的足坛绝技

哈维：360度转身

巴萨一直以来以极度崇尚传控而闻名，队中有不少球员坚定巴萨所走的道路，哈维就是其中代表性的人物。作为一名从小受拉玛西亚文化所熏陶的中场球员，哈维逐步成为巴萨真正的大脑，他始终追求控球，追求进攻，如果他一场比赛不能传球100次以上，他就会自责。哈维也曾公开批评过迪马特奥、穆里尼奥等人的足球理念，尽管这令很多人不解，但在哈维的足球世界中，这些是与他所追求的足球格格不入的。

哈维的控球绝招是360度转身，这招看似简单，实际要检验一位球员对周围局势的判断力和对皮球的控制力，而这个动作似乎就为哈维在场上洞悉一切、掌控全局的特点而生，当防守球员从各个角度逼抢哈维时，他就会用360度转身立刻摆脱得干干净净，并送上快速而有杀伤力的传球，这就是一位中场大师的日常。

布斯克茨：V字拉球

布斯克茨也许在一些人看来只是爱表演的“教授”，但他在场上的作用确实能达到教授级别。布斯克茨2008—2009赛季刚刚升入巴萨一线队的时候只是一个无名小将，但在短短两年的时间内，他把亚亚·图雷挤出球队，把马斯切拉诺挤到后卫位置。他的球商在很多教练眼中都是顶级水平，他的防守功力可以让全队都放心进攻，他的脚下技术就如V字拉球一样简单实用。在巴萨多年的单后腰433体系下，布教授已经成为世界上最有实力的单后腰之一。

V字拉球是布斯克茨经常做出的动作，实用性非常强，非常适用于面对对方球员从弱侧上来抢球的情况，核心原理就是通过向斜前方的假动作骗出对手重心后反向拉球进行摆脱。虽然说V字拉球这个动作并不是布教授首创，但他是将这个技巧运用得最熟练也最合理的球员之一。

内马尔：彩虹过人

作为新一代桑巴天王，内马尔早在登陆欧洲之前就被球迷们所知晓，而他如此出名的原因一方面是他在巴西年少成名，一方面则是归功于彩虹过人这个动作。很多人在看到彩虹过人时都会不自觉地发出“哇”的声音，而内马尔在巴甲赛场上经常表演这个动作，且非常成功。来到巴萨之后，内马尔并不经常使用彩虹过人，不过偶尔也能露一两手。但在欧洲彩虹过人不能随便施展，如果在大比分领先对方的时候依旧使用这个动作会被认为是侮辱对手，内马尔就曾经吃过这方面的亏。2015年5月31日国王杯决赛巴萨对阵毕尔巴鄂竞技，巴萨在80分钟后3：1领先，基本锁定冠军，最后时刻，兴致高涨的内马尔施展了一次彩虹过人的绝技，轻松过掉对方上抢球员，却被恼羞成怒的对方球员一把推倒，随后险些引发双方群殴。

彩虹过人的难度比较大，这个动作不是单纯地用双脚夹起，而是需要用一只脚把球夹在另外一只脚的脚后跟上，然后用脚后跟将球带起。最著名的一次彩虹过人发生在世界杯赛场上，2002年韩日世界杯，巴西对阵土耳其的比赛中，当时土耳其年轻球员伊尔汉在右侧突破，面对罗伯特卡洛斯的防守，使出彩虹过人，从头顶过掉了巴西后卫，卡洛斯情急之下，犯规阻止了伊尔汉的进攻，但是伊尔汉却一举成名。

小罗：牛尾巴、不看人传球

作为巴萨梦二时期的灵魂人物，小罗在很多巴萨球迷的记忆中是抹不掉的。当巴萨急需重建百废待兴时，小罗毅然加盟，而当小罗离开巴萨时，他留下的是一支宇宙队，小罗将他最好的青春都献给了巴萨。小罗身为两届世界足球先生，他有很多的足球绝技，最具代表性的是牛尾巴和不看人传球。

牛尾巴是小罗经常使用的过人动作，该动作的难度相当大，首先需要用外脚背将球领到外侧，紧接着用同一只脚的内侧来回勾皮球，等于说脚要比球快，这是非常难的，需要极佳的球感和敏锐的反应。小罗就可以完美运用牛尾巴，并且能将牛尾巴拉到最大幅度，且速度很快，非常好看。

另一个极具小罗特点的技艺就是不看人传球。小罗可以随时随地施展这个动作，并且他的不看人传球不仅仅是秀给观众看，更多的是欺骗对手，最后传出的球也极具威胁，这就是一位足球精灵的日常。

梅西：上身晃动、梅西走廊、挑球射门

说到巴萨，不提梅西怎么可以呢，其实谈到绝招，梅西本身就是一个绝招，有谁能拥有梅天王的足球天赋？有谁能像梅西一样连过数人如探囊取物？而在梅西众多的本领中，最能代表梅西特点的有三个。

第一个就是梅西的上身晃动。梅西之所以过人如麻，除了他脚下超快的带球频率以及精妙的球感等等，他的上身晃动也是一大法宝。梅西的上身晃动很自然，通常防守球员会被梅西的上身动作所迷惑，而紧接着梅西就会立刻带球晃过防守球员。

第二个是梅西走廊，是指梅西习惯性从右前场横向带球至禁区前沿随时起脚射门。在此期间，梅西可以和他的队友做出连续的配合。这条走廊专属于梅西，是瓜迪奥拉和他的队友们为他精心打造的。通常防守梅西走廊的球员都需要投入比较多的人员。而当没有队友与梅西配合时，梅西也可以自己单干，这就是梅西，这就是梅西的能力。

第三个是挑球射门。当梅西单刀面对门将时，他总是会选择挑射来戏耍门将，无论左脚还是右脚，梅西的挑射总是那么完美，从停球到带球，再到观察门将，最后脚尖一挑。而每当梅西把球挑过守门员头顶的时候，留下的往往是门将惊讶的表情和后卫狼狈的身影。

3

国家队

多少荣誉，多少眼泪

/ 葡萄牙 /

想得终可得　人生奈你何

2004年，葡萄牙在自家地盘举办欧洲杯，天时地利，一路杀进决赛，却成全了希腊神话，不仅成了一块悲催的背景板，还成为了他们心头难以抹去的耻辱印记。

2004年的葡萄牙还经历着黄金一代，队内的带头老大还是菲戈，C罗还不叫C罗，只叫小小罗，穿的是17号球衣。输掉决赛后，他哭得面红耳赤，抽抽搭搭，俨然一个19岁的少年。

2004年，他们没有做到，12年后，决赛时连球队支柱C罗都被抬下了场，这支葡萄牙队，应该要崩盘了。

这些年，C罗经常倒地，伸手管裁判讨公道，但是像2016年欧洲杯决赛这样严重到要用担架抬出去，却是极罕见的。

坐在地上的时候，他就开始哭了，哭起来的样子还是像12年前一样，眼眶通红，毫无形象可言。有只蛾子飞了过来，落在了他的眼睛上，他也没去管，不知是因为懒得赶它，还是压根没感觉到。

无论葡萄牙是输是赢，这一幕都会成为欧洲杯史上最经典的画面之一。

剧情的走向原本最可能是“就像蛾子飞不过沧海，没有人忍心责怪”，好在，后面进展成了“它在告诉他，没事的，今天是属于你的”。

经过简单的治疗后，C罗在场边一瘸一拐地指挥比赛，看着这一幕，不知道德尚会有什么感想。他手里是有一把好牌的，却仿佛按了托管键般，打得七零八落。

相比于德尚令人不敢恭维的临场调度，桑托斯的段位显然高了不少，即便是C罗意外受伤下场，他也没有乱了手脚。持续的全场逼抢，对中路的严格控制，还有按捺住心性的全队防守，都在一点点蚕食着法国的斗志和体力。

其实除了战术，还必须要迷信一下精神层面，拼下去了一个C罗，但是他留下的那股悲愤和孤注一掷，却让场上每一个人，都变成了C罗。

佩佩、埃德尔、纳尼在赛后都说，他们当时想的是，要为C罗而战。

为他而战，听着真提气。

诚实地说，C罗是一个真正的领袖，他有韧性，他有霸气，还有足以服人的能力。哪怕是比韧带损伤更严重的伤势，哪怕你提前告诉他他会受伤，他还是会撸袖子上场。一个当世数一数二的球星，几乎什么都有了，还能保持这种好胜心，是很难得的。

这或许就是为什么，他能做到之前菲戈、尤西比奥、鲁伊科斯塔他们都没做到的事，因为他的好胜心决定了，失败带给他的折磨，比其他任何人的都要痛苦。

平心而论，如果葡萄牙没有C罗，那么他们的非本国球迷一定少得可怜，因为这支球队实在是太不够范儿了，一眼看去，全是兵痞，而非整齐划一、招人喜爱的正规军。

佩佩，C罗在俱乐部和国家队的双重搭档，也被称为武僧、佩大师，吃过的牌、犯过的规、惹过的争议，可以剪辑成一个长度惊人的集锦。

纳尼，纳不传，曾经是“最能防住C罗的男人”，几年前惹得C罗怒摔队长袖标的一幕，到现在还经常被球迷们提起。

夸雷斯马，早年和C罗一起受训于里斯本竞技，以当时的名气和天赋来说，C罗只能排在他身后，后来却很快陨落，只能出现在盘带狂魔的盘点视频中，换来一句然并卵。

而2016年欧洲杯，佩佩在后防线上几乎滴水不漏，经常比赛结束后累到呕吐；夸雷斯马接C罗的助攻，绝杀克罗地亚；纳尼再也没有成事不足败事有余，而是奉献3个进球1个助攻，成为C罗身边最得力的僚机。

他们这些人，都30多岁了，其中纳尼和夸雷斯马，这两年甚至都没有出现在五大联赛里。

所以，即便一开始，葡萄牙出现在实力普遍偏弱的下半区，也是没有太多人看好他们的。可是，这又怎么样呢，他们已经体会过失去一切的滋味，所以再碰到什么都不会怕，不会迟疑了。

这届欧洲杯上，已经有太多关于宿命的言论被一一打破了，所谓西克意，意克德，德克法，法克葡，都像球场里那群漫天飞舞的扑棱蛾子一样，看似浩浩荡荡，声势浩大，实则毫无杀伤力，只会扰人耳目，只要你用对力，一捏就死。

这12年来，葡萄牙一直都在等待一个实现自我救赎的机会。曾经，因为轻敌也好，因为技不如人也罢，他们成为了第一个进了决赛，却失去德劳内杯的东道主，如今，他们终于翻了盘，把奖杯从这次的东道主手里抢了过来。

小组第三出线，连遇弱旅，多场平局，他们这一路走来，伴随着太多的质疑和争议。可是啊，运气本来就是实力的一部分，这个冠军，更多地让人记住的是这支葡萄牙队的韧性和凝聚力。

想得却不可得，这是人生的常态，绝大多数时候你无可奈何，只能全盘接受。

可是你还要相信，人生也并不是那么糟糕和残忍，它对待足够努力的人，总是会温和一点的。咬紧了牙，别放弃，哪怕要坚持12年那么长，想得的一定终可得，就算是人生，也无法奈你何。

恭喜葡萄牙，为他们道路的曲折和不懈前进，同样，与君共勉。

/威尔士/

越过成败 化身为龙

2016年法国欧洲杯的几个月前，威尔士输球却出线，拿到了去往法兰西的门票，创造了首进欧洲杯决赛圈的历史。赛后他们兴奋地在球场上滑翔成一片，我们说，转发这群锦鲤，可以获得好运哦。

2016年7月7日，他们从半决赛的赛场上走下来，经历了6场比赛的跌跌撞撞，已经略显疲惫，却仍昂首挺胸。四强的成绩，已足够傲视大部分的传统强队，尤其是过去20年未进大赛四强的英格兰队。他们也终于从那群锦鲤，成长为了真正的欧洲巨龙。

2016年7月7日凌晨的这场比赛，C罗展现出了一个绝对领袖的气质，葡萄牙终于在时隔12年之后，再次得到了一个实现自我救赎的机会。而威尔士，虽然落败，但他们一路走来，同样赢得了所有人的尊重。

这支第一次杀入欧洲杯正赛的球队，以一种虽败犹荣的姿态，昂首离开了赛场。

1/8决赛战胜北爱尔兰后，贝尔抱着他的女儿，将她高高举起，向看台上的球迷们致意。沸腾的看台，群情激昂的球迷，可爱的小公主，热血又温情，演绎了一种奇妙的和谐。

这个粉嫩的小姑娘，可能还不知道，把她抱在手里的这个温柔的父亲，对于看台上这几万名球迷，甚至整个国家来说，意味着什么。

她可能还不明白，平日里对自己都乐呵呵的父亲，为什么在场上会那么护命，为什么会在草地上咬牙切齿地摸爬滚打，又为什么会因为一场比赛，变得那么快乐或者失落。

她可能也不知道，眼前这些穿着一模一样红衣服的人，为什么会那么用力地欢呼呐喊，仿佛永远不知疲惫；为什么在终场哨响，他们唱起《父辈的土地》那悠扬的旋律时，眼睛里的躁动又会瞬间变成泪光。

因为他们已经等了太久，世界顶级赛事的滋味，他们已经太久没有感受过了。曾经，他们拥有吉格斯，这个在俱乐部里几乎得到了一切的男人，披着威尔士的战袍，努力了17年，也没能换来一个让他们闪耀在国际赛场上的机会。

如今，他们终于如愿以偿，而且比之前的预期走得更远。在两球落后之时，全场球迷都在喊着那个可能会给他们带来奇迹的名字："贝尔！贝尔！"

贝尔确实尽力了，即便比赛已经到了补时阶段，他还是焦急地跑到场边去掷一个界外球，不肯浪费一秒钟。中场的传递不够，他就一面回撤接球，一面尝试远射，恨不得跑遍场上的每一个位置，抓住每一个机会。

比赛结束后，他们没有太多失落，而是来到了看台前，对一直支持着他们的球迷表示感谢。

是的，这就结束了，6场比赛的时间而已，却已经给他们带来了无数悲喜。经历过小组赛战胜斯洛伐克和俄罗斯的欣喜，被英格兰绝杀的失望，击败北爱尔兰的欢愉，逆转比利时的狂喜，败给葡萄牙的力不从心，他们的每一步，都在创造着历史。

威尔士球迷们最爱唱的歌词是这样的："威尔士，请别带我回家，我不想回去上班，我想留在这里，继续喝酒狂欢到天亮。"

现在他们必须要回家了，但就像贝尔在赛后说的那样，他们付出了全部，没有丝毫遗憾。这支年轻的队伍，从来都是直截了当地表达着情绪，这次他们直言为自己感到骄傲，之前英格兰出局，他们也毫不掩饰地在更衣室狂欢，庆祝自己成为了唯一一支可以代表英国的球队。

就像他们初来乍到，贝尔就说，我们是来夺取冠军的。当时所有人都不以为意，一个欧洲杯的新军，能走到什么地步。他们的口气很大，实力却也配得上他们的豪言，第一次参赛就进了四强，已经足以让质疑他们的人闭嘴。

2018年的世界杯，他们中的大部分还很年轻，完全有资本去畅想未来，有机会再次腾云而起，让全世界目睹威尔士红龙的风采。

曾经，他们有一个梦想，他们没有把它藏起来，不让别人知道，而是大声喊了出来，既是一种宣告，也是对自己的勉励。如今，他们结束了这一次的征程，或许并不完美，但没有留下什么遗憾。

他们诠释了一个奋斗者最该有的姿态，拼尽全力，剩下的，都交给时间和命运。以前，或许我们可以说他们是幸运的锦鲤，但是现在他们已经有了巨龙的风采，未来可期。

/意大利/

泪水滴下　英雄迟暮

2016年7月3日，欧洲杯1/4决赛，德国对阵意大利，在这场提前上演的决赛中，双方在常规时间和加时赛中1∶1战平，只能靠残酷的点球大战来分胜负。这场点球大赛踢得可谓天昏地暗，双方足足踢了18粒点球才分出高低。最终，德国人笑到了最后。意大利队的队长、38岁的传奇门将布冯，在赛后留下了伤心的泪水。

其实9粒点球中的7粒，他都判断对了方向。

球带着风声，朝球网飞去，有的灵活轻巧，有的势大力沉。而球门前那个红色的身影，几乎是在球来的同一瞬间，飞身而去，就像过去20年来自己一直都在做的那样。

可是这次不一样了，有的球从他耳边飞过，有的球从他指尖划过，有的离他压根还有半米远。他的意识还是敏锐的，但是38岁的身体，已经没办法再与大脑无间地配合。

当赫克特的点球从他的手臂下掠过，他重重地倒地，也结束了自己在欧洲杯上的最后一次扑救，一次只差毫厘的扑救。

赛后他还是昂着头的，戴着队长袖标，得体地和对方握手，甚至安慰队友。但当他转过身，暂时不用面对任何人时，他抬起了手，不住地揉着眼睛，好像这样就可以把眼泪揉回去。

这是他的最后一届欧洲杯，38岁的高龄，为意大利守了19年的门，无论哪个数字，说出来都令人不得不服。如今，在拿来和他做对比的门将中，诺伊尔已经是第三代。

2014年的世界杯，意大利小组赛开赛惊艳，后面却乱得糟心，和英格兰携手回了家。2012年的欧洲杯，巴神闪耀了那个夏天，虽然决赛惨败西班牙，但成绩仍然令人欣喜。2010年的世界杯，作为卫冕冠军小组出局；2008年的欧洲杯，开局惨败荷兰，后防千疮百孔，却也拼到了半决赛；2006年的世界杯，已无须再多加描述……

本届欧洲杯开赛前，看着球队交上来的大名单，无数球迷痛心疾首，直言这是自己见过的最星光黯淡的意大利。

黯淡，只能用这个词来形容了吧。相比于曾经的巴乔、马尔蒂尼、皮波、卡纳瓦罗、维埃里、皮尔洛……这届的阵容，用屌丝形容都不为过。人员本就捉襟见肘，而赛前维拉蒂、马尔基西奥的受伤，更是雪上加霜。

在他们的第一场正赛之前，至少有大半的人是这么想的。

然而他们给了所有的质疑者一记耳光，也以2：0的比分好好教了比利时这支世界排名上升到第二的新贵球队，足球是团队运动，是该这么踢的。

而后1/8决赛对战西班牙，意大利干脆利落地以2：0淘汰对手，很多人形容为“一个王朝的结束”，意大利卸下了西班牙宫殿的最后一块砖，不显山不露水，却开始让人有些敬畏。

直到1/4决赛，德国终于打破了“德意制”的魔咒，十二码前的争斗延续到了第九轮，所有人揪住了心，屏住了气，等待着胜利的天平那一丝一毫的倾斜。

赛后记者采访巴尔扎利，这个35岁的大男人，居然在摄像机面前泣不成声。他说，我们已经尽力了，我们真的把能做的一切都做了，可是结果不是我们想要的，这支平凡的意大利队，很快就会被人忘记。

一支平凡的意大利队，听起来真奇怪，平凡这个词，怎么能用在意大利身上？

他们是地中海最纯净的蓝色，他们拥有足以与男模媲美的球员，他们演绎着如哲学般严谨又迷人的防守反击，他们是我们对足球最本真的渴望和幻想。

意大利从来都不是平凡的，即便他们没有最大牌的球员，或者他们没有好看的数据，但是他们对团队的演绎，对防守的执着，却体现在场上的每一分每一秒。

这支意大利队一定不会被忘记的，即便遗憾落败，即便八强确实不是什么很拿得出手的成绩，但并不是只有冠军才值得被歌颂，正视自己的短板，并且努力前进着的球队，永远不会被遗忘。

其实，之所以有那么多人喜欢意大利，是因为有时候它就像我们在生活中的样子，虽然美好，但也有遗憾。有时它风华正茂，有时它意气风发，有时它又辉煌不再，一败涂地，起起落落，交替演绎。

好在，遗憾并不会影响它的美好，反而会给这份美好增添一份厚重。接受过辉煌后的落寞，体会过狂欢后的孤寂，承担过如愿以偿后的力不从心，或许我们能够明白，为什么这群身着蓝衣的人们，从不肯停下他们沉重、疲惫，而又沉稳的脚步。

因为他们始终都要前行，因为所有的遗憾和美丽，都不过意大利。

/ 克罗地亚 /

新黄金一代 狂想曲未曾停止

克罗地亚并不是传统足球强国，不过在整个欧洲乃至世界足坛，克罗地亚绝对是浓墨重彩的一笔。说到克罗地亚足球，“黄金一代”这个名词不得不提起，前南斯拉夫解体之后，克罗地亚继承了前任足球强国的衣钵，大批球星都归到克罗地亚旗下，苏克、比利奇、贾尔尼等黄金一代在1998年世界杯连斩德国和荷兰，一路晋级到半决赛，初登世界杯的他们便留下了一个令后人深深怀念的夏天。

18年后的2016年，还是在法国，这片克罗地亚人爱着的法兰西大地，克罗地亚新黄金一代亮丽登场，无论从阅历，还是个人技术、团队配合等等方面，他们都像极了1998年的黄金一代。普罗辛内茨基→莫德里奇、比利奇→乔尔卢卡、苏克→曼朱基齐，再加上巴萨中场拉基蒂奇、皇马中场科瓦西奇，克罗地亚狂想曲未曾停止。

首战土耳其，这势必会引起很多故事的回忆。无论从历史还是地理来讲，土耳其与克罗地亚两个国家并没有太多联系，但在足球层面，两队可有着说不尽的故事。1996年欧洲杯小组赛是克罗地亚第一届世界大赛，他们的历史首球就是绝杀土耳其，而2008年两队的故事已无须赘述，克罗地亚人已经99%触摸到半决赛的滋味却在最后被塞米赫反绝杀，这场比赛在成为欧洲杯历史上的经典的同时也成为格子军团心中的痛。

所以面对土耳其，一切就显得不同。

时至今日，中场是格子军团最引以为豪的地方，莫德里奇、拉基蒂奇、佩里西奇、科瓦契奇，这些人的存在使得土耳其人即便使出自己最大的逼抢力度也无法搅乱克罗地亚的中场。而格子军团则一步步地蚕食着土耳其人的后防线，拉基蒂奇被安排在前腰之后解放了他的进攻空间，曼朱基齐则在最前方为队友保驾护航。

在边路，无论是斯尔纳还是布罗佐维奇或者佩里西奇，他们既能寻觅到边路传中的机会，又能灵巧地找到抢点的机会，此役他们也创造了目前为止欧洲杯传中次数纪录。若不是横梁的“努力”，格子军团还能进得更多。

在所有球星中，最璀璨的那颗当然是吹响狂想曲的“魔笛”。本场比赛莫德里奇无愧皇马中场大腿的名号，成为了格子军团的攻防枢纽，耐心地掌控着场上的局势，他的足球风格就如他飘逸的秀发一样完美无瑕。而当上半场队友一次次地与机会擦肩而过时，又是他站出来，面对质量不高的解围球，魔笛瞄准、起脚、发射，一记优美的半弧在空中划过之后，准确地落在了球门的死角。

就如魔笛的球迷所说，稀缺的珍品总是令人偏爱，不指望莫德里奇像梅西、C罗那样呼风唤雨、大杀四方，只希望“魔笛”不受伤，让我们再多欣赏几年他对足球的迷恋和理解。

当然克罗地亚狂想曲怎么能缺少壮烈呢，格子军团的中卫乔尔卢卡和队长斯尔纳就诠释了这一切。

比赛第31分钟，乔尔卢卡在与托松相撞之后头部流血不止，这一场面也吓坏了许多人，不过在经过短暂包扎之后他立刻重新投入到比赛中去，像是没有发生过所有事一样。而在第56分钟，他的伤口又一次在争抢的过程中破裂，不过乔尔卢卡依旧坚持着，要知道主教练三次换人都没有换下他，这样的意志也赢得了全场球迷的掌声。

如果说乔尔卢卡代表的是格子军团身体方面坚强的意志，那么队长斯尔纳则是克罗地亚的精神领袖。作为一名边后卫，斯尔纳在立足防守的同时会经常前插助攻，这对于一名34岁的老将来说非常不易，在比赛中，斯尔纳在右路非常活跃，还曾两次击中横梁，无论从精神层面还是战术层面，斯尔纳的作用毋庸置疑。

首战土耳其取胜后，克罗地亚接下来2:2战平捷克，2:1战胜强大的西班牙，以小组第一的身份昂首挺进16强，初步展露出冠军潜质。然而1/8决赛面对小组赛一场未胜的葡萄牙，克罗地亚加时赛第116分钟射门磕中门柱，第117分钟却被对手绝杀出局，运气之差，令人不胜唏嘘。这剧情，与2008年欧洲杯淘汰赛首轮被土耳其击败几乎如出一辙。

然而，相比于2008年的那支青年军，恐怕此时的克罗地亚人更为失落。毕竟，2016年的格子军团可谓是正值当打之年，4年后，恐怕会有人老去，也会有人离去。

/ 巴西 /

一边桑巴　一边足球

巴西无疑是南美足球的代表，同时对于巴西人民来说，足球更是一种文化。巴西的足球人才数之不尽，细腻的技术、精湛的脚法、默契的地面配合，还有贝利、加林查、罗纳尔多、罗纳尔迪尼奥等等球员，他们代表着巴西灵动的足球文化。将桑巴舞蹈结合到足球当中，这是巴西人长时间傲立于世界足坛的特色。

罗纳尔多：过门将射门、钟摆式过人

足球场上单刀过掉门将打空门的情况屡见不鲜，但你见过谁点球不进补射时也要过门将再射门吗？你见过谁过门将可以做成10分钟的集锦吗？是的，这个人就是罗纳尔多，也许他就是这个世界上羞辱对方门将次数最多的球员吧。外星人在门前的冷静是一般前锋所仰望的。面对门将时，无论处于任何角度、来球是否到位、速度是否过快等任何情况，只要罗纳尔多能够碰到皮球，等待门将的必是被过之后的狼狈。

在罗纳尔多准备过掉门将的瞬间，他可以用各种方式过人，或向外拨球，或内侧拉球，或挑过门将，或用节奏快慢不一的动作，或用踩单车等等，不过其中最令人称道的必然是钟摆式过人。1997—1998赛季欧洲联盟杯决赛，罗尼用一记经典到不能再经典的钟摆过人过掉拉齐奥门将马切吉亚尼，帮助国米锁定胜局，同时江湖上从此有了钟摆式过人的传说。

钟摆式过人对于球员的技巧和平衡性要求极高，上身晃动要足够大以达欺敌之效，同时双脚在皮球前交叉，一般人在迈过第一步之后往往跟不上第二步，只有罗纳尔多级别的前锋才能很好掌握此动作。钟摆式过人还要求下肢及腰腹力量一定要充足，膝盖是发力的关键点，所以这个动作对膝盖负荷极大。罗尼职业生涯中最严重的一次伤病就是因此而生。

卡卡：长途奔袭

英俊的脸庞需要帅气的场面来映衬，贝克汉姆有他的圆月弯刀，而长途奔袭则是卡卡征服无数球迷的绝技。大家都了解贝尔的速度，但如果比带球速度的话，巅峰时期的卡卡丝毫不弱于贝尔，作为前腰，卡卡并不像一般巴西球员那样过分强调脚下花活，他的风格更像是南美与欧洲的结合，每当米兰有反击机会时，卡卡就会在中场开始长途奔袭，其冲击力惊人。而且他的长途奔袭还兼有许多变向，让对手难以防守，同时卡卡也不贪功，在很多情况下，他奔袭到禁区之前就会传给位置更好的队友。

巅峰期的卡卡是怎么样的存在？在梅西和C罗包揽金球之前，卡卡是最近一位梅罗之外的获奖者，而他击败的正是梅罗，而且是毫无争议地击败，因为在整个2006—2007赛季卡卡的状态实在太火热，我们经常能看到梅西戏耍众星的场面，但梅西在遭遇巅峰期卡卡时也曾“颜面尽失”，卡卡从中后场到前场的速度也让梅球王自愧不如。在2006和2007这两年，卡卡在联赛和欧冠接连完成帽子戏法，欧冠中更是带领米兰第7次夺得大耳朵杯，长途奔袭绝杀凯尔特人、梅开二度令老特拉福德沉寂、妙传因扎吉完成复仇，这一幕幕场景构成了最强的卡卡。

德尼尔森：踩单车、脚后跟磕球过人

大家还记得这个经典的场面吗？这是2002年韩日世界杯半决赛巴西对阵土耳其的一幕。当时巴西队1：0领先，斯科拉里果断换上德尼尔森，试图利用他良好的护球能力稳定局面，德尼尔森上场后的作用也很明显，当时德尼尔森带球过掉一名防守球员后到禁区角附近，随后4名土耳其球员上前围堵他，也造就了此经典画面。

看过德尼尔森踢球的人们都会感叹他是一名足球天才，极强的盘带护球能力，眼花缭乱的脚下技术，扎加洛曾称他为巴西历史上最后的左边锋。不过德尼尔森的足球风格是一种极端，他极度迷恋花哨的盘带，追求桑巴舞蹈与足球的结果，向世人炫耀他华丽的技术，但他忘记了绿茵场上的较量还是以胜负为标准。就如他拿手的踩单车和磕球过人来说，前者在德尼尔森脚下极其绚丽，但华而不实，后者动作并不复杂，但非常实用。

德尼尔森的职业生涯虽昙花一现，但他的足球风格却给世人留下深刻的印象，同时也是巴西足球的一种极端展现。尽管这种足球风格与当今的主流相违背，但也为足球世界增添了一笔不一样的色彩。

罗马里奥：抹球转身过人、捅射

提起巴西足球，怎能不提起罗马里奥。罗马里奥人称“独狼”，这个绰号并不是指他在场上不爱传球，而是指他在场上的踢球风格就像狼一样，你永远也不知道他何时何地突然蹿出进行致命一击。罗马里奥在场上跑动很少，一场比赛也就跑动十几个来回，但是只要嗅到战机，他就犹如狼一样跳出来完成得分。克鲁伊夫曾说：“罗马里奥常常在整个比赛中消失，然后突然从什么地方冒出来，踢进决定胜负的进球。”

那么支撑罗马里奥这种特点的因素是什么呢？是“独狼”惊人的爆发力。他的身材很像马拉多纳，重心低可以支撑他的瞬间加速，他的拿手绝技抹球转身过人正是源于他强大的爆发力。在侧身或背身一对一对阵后卫时，“独狼”会用右脚突然将球抹出一个半圆，然后利用爆发力甩开后卫，在5：0那场经典的国家德比中，“独狼”就用此招完成逆天破门。另外他还极其喜欢捅射的射门方式，除个人习惯之外，这和他发达的小腿力量是分不开的。

切尼：门将任意球

131球，你能想象这是一名守门员能完成的数字吗？相信世界上大多数前锋都完成不了这一任务，但巴西传奇切尼却达到了，他拿手的任意球一次次地攻破同行们的十指关，因此江湖人称“戴手套的罗纳尔多”。切尼与坎波斯、伊基塔、奇拉维特并称“南美四大狂人门将”，但其他3位没有人能像切尼这样一直持续地进球，从1997年2月15日对阵圣若昂的任意球开始，切尼的进球就一发不可收，他承包了圣保罗中所有的直接任意球和点球任务，是队内最稳定的一环。

在圣保罗效力的25年间，切尼一共出场1256场比赛，帮助球队斩获18个冠军，他把自己所有的青春都献给了这家巴西豪门。切尼无疑是最忠诚的，“作为守门员，我的盾牌是圣保罗的颜色，红、黑、白，我深深地爱着这家俱乐部”。这是切尼对圣保罗发自内心的一句话，而圣保罗球迷乃至整个巴西足坛早已将他视作“永远的队长”。

4

评论

可以不看球，但不能不谈球

闲谈球员被低估的N种原因

我们经常会在球迷对球员的评价中看到这样的观点，“某某球员被低估了”，或者“某某球员被高估了”。今天我们就来探讨一下，球员容易被低估和忽视的那些原因。

有一个位置上的球员最容易被忽视和低估，那就是防守型后腰，那些干着脏活累活的工兵。如果你踢球的时候想撩妹，那么这个位置真不适合你。防守型后腰不会出现在最光鲜亮丽的地方，跟直接参与进球的攻击型球员、直接参与防守的后卫、穿着不同服装站在门线上的门将相比，防守型后腰很多时候就是跑和抢，然后迅速把球交给身边的那位球场“大脑”。这个位置的球员是教练最倚重的，却往往不是球迷最喜爱的。典型代表就是前法国后腰马克莱莱，比如他离开皇马后，前场的几位大腕儿就玩不转了。

这类球员往往还有个特点，就是相貌平平，缺少那么股子明星味，属于搁到人堆儿里除了块儿大没啥特别的平民球员。虽说人不可貌相，但是相貌不俗、气质不凡的球员给人的第一感觉就会比他们更好一些，这出于本能的意识。比如米兰球员加图索，他身后的内斯塔、身边的皮尔洛、身前的卡卡哪个不是气质美男子，这位屠夫式的球员往往容易被忽视。还有皇马后腰卡塞米罗，帅哥J罗和天才伊斯科抢了大半年主力，最后被这个相貌平平的小伙子抢走了主力，而且成为皇马不可或缺的中场支柱。

他们往往还有个特点，就是性格低调。这种球员可绝不是媒体的宠儿，他们很难带来阅读量和点击率，专门研究他们、分析他们甚至吹捧他们的文章自然就少，也自然容易在这个明星众多的舆论环境中被忽视和低估。比如前曼联中场斯科尔斯，民间有句形容他的话是“看球都拜齐达内，踢球都赞生姜头”，这便是最好的佐证。还有世界杯第一射手克洛泽，也许因为他的俱乐部生涯平淡，也许是因为他的技术动作朴实，K神在各种前锋排名中一直被低估。

还有就是他们太勤奋了，反而让人感觉没什么天赋，不过如此。这里必须要说足坛一大假象“C罗没天赋”，C罗当然没有被低估，但是他的黑子因为这个理由去低估他，觉得他不过就是靠努力罢了，当然如果有人没天赋纯努力能达到C罗的高度，那么称之为神也不为过了。因为勤奋而被低估的典型就是库伊特，他给人的感觉就是工兵型球员，技术不好，只会疯跑。但库伊特不仅能跑，而且会跑，知道什么时候该跑到什么地方，他也是当今足坛少有的依然带有全攻全守印记的球员。

身边的队友太强也是球员被低估的一大原因。比如前巴萨门将巴尔德斯，一度被视为那支完美宇宙队的唯一短板，他在国家队也一直是卡西的替补。事实上，巴萨的控制力给钢巴的表现机会太少，对手一旦获得机会往往就是绝对机会，而且门将有失误是极其正常的事情。现在再回看巴尔德斯在巴萨的表现，他的控球、传球、选位，他与传控体系的高度融合能力，绝对是世界顶级。

球员的名气和场上表现并不完全成正比，有些球员在不同球队中会有完全不同的表现，比如阿根廷的众大牌们，天使阿KUN和西瓜都是在俱乐部有高光表现，回到国家队就抓瞎的典型，与他们相比，中超球员拉维奇的腕儿完全不够。但是纵观过往几届大赛，梅西真正想亲亲抱抱的搭档也就拉维奇了，就属这哥们靠谱。但是跟一帮大腕儿踢球，名气一般的实用型球员自然会被低估了。

本泽马也有相似的经历，跟两亿的两翼相比，本泽马在BBC组合中的实力相对被低估了。当然这绝不是最重要的原因，在中国的评论区，本泽马绝对是力压梅西、C罗的头号网红，出现频率之高让人惊叹。当一位球员的段子属性太强，大家还真没工夫探讨他的本身实力了，编段子要紧啊。与本泽马有相同命运的还有罗马副队德罗西，凡有托蒂新闻处，皆有德罗西，心疼啊。而且德罗西被低估的原因还不止于此。

因为效力的球队并不算是豪门，所以被大家低估，这样的球员太多太多了。原因就是他们的球迷不够多，他们的比赛转播场次不够多，大家对他们的认知和了解不够丰富，自然很难给出公允的评价。除了罗马球员德罗西，还有那不勒斯的全能中场哈姆西克、乌迪内斯大器晚成的神射手迪纳塔莱，都是实力不俗，但因为忠诚和热爱等原因没有登陆豪门的实力派球员。

前文提及足坛假象之一“C罗没天赋”，怎能不提与之相对的“梅西不努力”呢？这也是梅西的黑子低估他的理由之一，但是如果梅西带着“梅西体系”踢球都要被黑，那这黑得有点简单粗暴了。不过不得不承认，“体系球员”是最容易被低估的一类球员，他们属于团队中的球员，往往要依托于整个团队，这种团队很难捧出某一位特别亮眼的明星，这也是为什么德国球员在很多个人奖项中不吃香的原因。当然世界上最被低估的球员应该是巴萨中场布斯克茨，他一度被认为是三无球员，只是个“演员”，好在“球盲过滤器”“巴萨肾宝”等称号算是给了布教授公正的评价。

体系球员中还有一类就是锋线上的机会主义者，他们给人的感觉就是会抓个机会，没啥难度，捡个漏吃个饼而已，比如拜仁的活宝球员穆勒，至今还有人觉得他“不过就是禁区里捡个漏而已”。你可以通过努力去练习射门动作和过人动作，但是想练这种“门前嗅觉”太难太难了，这种技能大概就是天生的吧。

球员被低估的原因还有很多，比如动作朴实无华、大器晚成、战术作用强但难以体现在数据中、缺少转会身价的烘托等等，还有一种就是“偏科”严重。

当一名球员的某一个特点过于鲜明，反而会被忽视整体实力，这种球员的典型就是贝克汉姆。小贝的圆月弯刀和弧线传中独步天下，反而给人一种“一招鲜吃遍天”的感觉。还有他长得实在太帅，名气实在太大，像他说的“我只想被人记住我是一个努力的球员”的希望，看来永远无法实现了。

论美学在现代足球中的角色

金钱买来质量，而在足球的世界里，质量往往由球员的个人能力所决定。进球、传球、助攻、拦截，无一不是如此。随着大数据的普及，足球分析学也得到了长足的发展，球员们在场上的细节越来越受到重视。比如说一名前锋把握机会的能力数值如何？一名中场的拦截次数转化为防守反击的百分比是多少？这些都是现代俱乐部进行数据研究的日常，全世界都是如此。这些问题都是一些好问题，能够让俱乐部几百甚至几千万英镑的投资花得更为合理，不是说金钱买来质量吗，对不对？

但现在的问题是，我们对拦截的数据如此关心，我们对足球本身如此关心，这些数据值都和场上的表现直接相关，从某种方面来说，就是球员和球的接触。让我们拿2010年法甲的一项数据来说，每个人每场比赛拿球的时间平均值是53.4秒，是不是很震惊？原来一名球员在一场比赛中和足球接触的时间如此之短，但他们必须靠这不到一分钟的时间来决定整场比赛的走向。

现在分析师、球探和俱乐部的相关人员需要面临的问题就是，大数据确实很强大，但是那些无球状态的东西呢？那些同样重要，同样能够对比赛的战术和理论体系做出决定性影响的东西，是目前的数据分析所不能够完全挖掘的。

还有一些数据，比如记录某位球员在一场比赛中的跑动距离和冲刺次数，但这些都只是告诉我们那位球员对于跑动的基本愿望。它当然可以作为一个参考，但并不是百分百的可信赖，因为每一个职业运动员都应该擅长跑动。再比如，一位左后卫和左中卫在比赛中的跑动距离只能作为衡量他们遵守战术安排的标准之一。

在《数字的游戏》一书中，作者克里斯·安德森和大卫·萨里曾得出过一个这样的结论："进一个球比不进球好，也就是说1 > 0，但是保证不丢球比打进一个球更有价值，0 > 1。"

这是一个重要的发现，比如说当一支球队刚刚完成一次拦截或者是抢断，他们就不处于防守状态而是立马转为进攻方。因为关于个人"无球"状态的定义非常复杂，现在还处在有点说不清楚的状态。但问题是，球员们在防守时的无球跑动也非常重要，根据安德森和萨里的理论，不丢球比乌拉圭著名作家加莱亚诺所描述的足球X高潮，也就是进球要重要得多。

可是转会市场并不完全反映这些，我们看见并且相信自己已有的理念，比如能看得见的进球数据、助攻多少，甚至是假动作的逼真程度等等，这些都能给一名球员加价。打个不恰当的比方，这就是德尼尔森效应。当然，这些数据，这些我们能够看到的东西确实重要，没人否认它们的存在，关键点在于他们并不是唯一的标准，并没有比"无球"的质量更有价值，你想要一个赛季能够打进20粒进球却完全不参与防守的前锋吗？我想只有签下伊布拉希莫维奇的俱乐部会说："YES！"

一名像伊布这样的球员确实能够增加进攻火力，他的进球就是联赛冠军的保障，同样瑞典神塔也是球队的战术核心。但不幸的是，像兹拉坦、梅西、C罗这样的顶级球员只有欧洲顶级豪门俱乐部才供养得起。

金钱买来质量，而质量又由足球场上的表现来决定，所以最好的球员自然而然地就会加盟最富有的俱乐部，因为有更高的年薪、更好的训练设备以及更高夺得奖杯的可能性。现在大俱乐部的选材眼光早就不仅仅局限于国内，而是放眼全球，大家一起争夺好的苗子，最后总是更有钱更有号召力的球队取得胜利。几百上千万的美元、欧元、英镑在银行账户之间来回过渡，钱说了算，钱才能买来质量。

我们几乎看不到这种寡头垄断的尽头，大俱乐部越来越唯奖杯至上，可能有一点好消息就是财政公平政策的出台，多多少少让他们花钱的脚步有所收敛。

皇家马德里和政治

讨论意识形态的多样性就避不开社会统治阶级的组成，全世界都是如此。而足球又是这些社会文化的一个投影所在。正如著名作家加缪所言："所有我知道和道德以及义务相关的东西都来自于足球。"

生活并不关乎输赢而是关于生存的问题。足球，从另一个方面来说，就是输赢的游戏，就是在90分钟内必须战胜对手的游戏，如果你做不到，那你迟早会退出"江湖"。当然如何进球，能进多少那是另外一个问题。往深的说，就是你要如何规划自己，成为一个什么样的人，才能在社会上生存下去。

广而言之，这不外乎集体主义和个人主义的争论，你如何做出选择将会在很大程度上决定你自己的人生，但哪一种才是更好更适合你的呢？当然，这是一个过分简单化的分析和争论，让我们回到足球本身。

拿皇马的银河战舰工程来说，那就是个人主义的巅峰代表，弗洛伦蒂诺沉溺于用金钱买来能够买到的最好球星，然后请来一位高水平的教练让他必须在最短的时间内出成绩。先不论巨星政策的好坏，至少在他第一次当主席期间，皇马拿到了两次欧冠冠军。

不过在老佛爷的竞选纲领中并没有提到对高质量足球的要求，他的梦想就是让每一个穿上皇马战袍的球员都是超级巨星，然后再带着他们出去表演。在格拉斯哥进行的欧冠决赛，齐达内左脚打进的天外飞仙正是对这一政策的最好回报。

让我们继续来举西班牙足球的例子，站在皇马对立面的就是瓜迪奥拉的巴塞罗那，他们是集体主义足球的代表。对细节和团队合作的极致要求，让梦三队拥有着超然的地位。而这也是瓜迪奥拉社会哲学的一种体现，其实到现在瓜帅的球队都是如此。

现在的问题是，皇马的成功之道才是当下主流，个人主义大行其道，也就是购买最有价值的球员，就像我们前面所说的，进球、助攻、传球准确率，这些数据现在就是转会市场上的黄金标准。瓜迪奥拉的巴萨完全是另外一种模式，但也有相同的地方。相同的地方当然在于双方都追求世界顶级球星。而不同之处在于他更强调集体的力量，就像西班牙人自己说的："我踢的是左派足球，每个人都能在任何位置做任何事情。"这也不难理解为什么马斯切拉诺和费尔南迪尼奥乃至哈维·马丁内斯这种顶级后腰会被当作中后卫来使用，而相似的改造例子更是不胜枚举。

哪个是左哪个又是右？

如果说平民球队几乎难以击败那些巨星云集又擅长控球的豪门，那么问题来了，为什么要如此强调控球呢？

这个问题现在成为足球美学的一大议题，换句话说，什么才是美丽足球？球迷们又喜欢什么"足球品牌"呢？20世纪最好的地方在于，教条主义作家、教练还有球员都被灌输了一个理念，那就是美丽足球必须通过控球来实现。看看巴萨在2011年欧冠决赛中是如何肢解曼联的，对于控制式的足球来说，那就是一场史诗级别的饕餮盛宴。还有2012年欧洲杯决赛，西班牙在基辅4球大胜意大利的那场较量，一场视觉大餐同时也是传控足球的代表性胜利。但是，控球论并不能垄断足球美学。

这种控球和控球型球员带来的困扰就是，他们被拔到了一个恐怖的高度，然后许多俱乐部都开始朝着这方面发展，补充球员，改变打法，试图取得成功。这并不美丽，甚至可以说是疯狂、绝望的行为。足球是一项团队运动，团队合作始终应该是核心所在。一支球队由11名球员组成，11个品行、价值观、志向都不尽相同的人，11个背景、家庭、朋友都不一样的人，11个自我、有偏差甚至偏见的人。

美来自一致而不是差异，对于一支球队而言，要想发挥最大的潜能就必须遵守一些集体主义教条，这是瓜迪奥拉言论里面最左的一部分。这就是左派的足球，足球之美来自集体一致的行动，不管是有球还是无球状态。但是集体主义、社会自由主义也必须承认，足球美学离不开个人艺术性的发挥。我们可以从德国的大学和法国的教练还有哲学家来探索这个观点。

技巧的艺术性和科学性

在《启发教练教学》的在线讲座中，雷内·马里克引用了德国古登堡大学沃尔夫冈的一个理论，那就是将训练和教学方法论比作差异学习。差异学习这一理论受到历史上不同理念的影响，然后在巴塞罗那这样的俱乐部大受欢迎。

它着重关注的是学习所在地以及周围环境带来的影响。比如说，为了提高一名年轻球员的接球技能，差异学习就认为与其让他单一地完成一定数量的接球练习，不如让他在不同的环境里完成包括接球在内的更多内容的训练。这可以是一场5V5的对抗赛，他们不仅要练习接球，还有射门、转身甚至是如何去赢得一场比赛，在这种动态的、有竞争的环境中，年轻人会迅速成长。

当然，这也对球员有更高的心理要求，因为你极有可能会在比赛中犯错，如何处理这种关系也需要教练的疏导。一旦他适应了这种更高强度的对抗，那么就可以进行下一阶段的练习了，这比关起门来一个人练技术效果要好得多。

马里克还拿齐达内和梅西作为例子来进行讲解。首先，这两个人都拥有着非同一般的球感，但同样有着巨大的区别，比如说齐达内更像是跳天鹅湖的芭蕾舞演员，用脚尖就能搞定一切；而梅西则更侧重于瞬间的爆发力，阿根廷人能够在最短的时间内解决一切问题。所以，如果你是一名教练，你会如何去训练一个技术有瑕疵的年轻人？你会让他一个人单练还是跟着大部队一起？是让他模仿齐达内还是梅西呢？

其实这个问题对大多数基层教练来说都很难回答，技术练习是一个非常个人化的东西，需要球员的天赋，同时更离不开后天的努力。所以它是艺术化的，能够让足球变得美丽起来。

所以，在足球比赛当中，美学离不开个人的表演，但问题是，足球是一项特别强调团队合作的运动，如何在二者之间找到平衡才是最难的地方。

温格的精选集

2015年在接受法国《队报》采访的时候，阿森纳主教练温格是这样对记者讲述自己的："我的工作就是挖掘球员身上美好的地方，我只是起到引导的作用，并且允许其他人表达自己内心的想法。"

非常好，但教授最大的问题是，他的球队已经多年和联赛锦标无缘。撇开环境、财政问题等等，法国人在转会市场上明显对艺术气息浓厚的球员更感兴趣，同时也非常喜欢技术好的球员。其实教授的思想根源可以追溯到十几年前，也就是2004年前后，他着重打造了一支艺术之师，尤其是在进攻端，高节奏的传递配合让人目不暇接，并且以不败战绩夺得英超，成为传世经典。

那时候的阿森纳应该配得上加莱亚诺笔下的美丽足球，集技术、艺术和观赏性于一体。但是好景不长，兵工厂甚至一度沦为争四的代名词，温格的辉煌也已不再。

野兽派的西蒙尼

马竞的足球哲学说简单也非常简单，那就是不惜一切代价拿到比赛的胜利。而这一切都是一个人在场边主宰，他就是阿根廷人迭戈·西蒙尼。

马竞主帅的比赛模式并不复杂，它是基于野兽般的无球跑动和拼抢，对空间的极限利用，以及对防守反击的得心应手。马竞的比赛往往都会主动放弃控球，他们最擅长的就是防守，不管是本方半场还是对方半场。关于进攻，尽可能地一脚触球，然后就是高压逼抢，对攻防转换的灵活把握。一旦从对手脚下断球，床单军团会在第一时间进入反击模式，几个人迅速前插，用最简单的方式将皮球倒到对方禁区，然后再完成射门得分。

确实，西蒙尼的理念和克鲁伊夫、利略完全不同，但是他的足球风格却异常坚韧。就像英格拉姆在1972年唱到的："如果爱上你是错的，那我宁愿不要正确。"

争论之后

我们说了很多个人主义和集体主义的争论，甚至还提到了野兽派，但这都只是一些基本的言论和很主观的看法。无论如何，分析不同主教练的执教风格，让我们发现足球美学的确是难得一见。其实对于这个问题，每个人都还有自己的看法，但是我们身处的环境不一样，理念也不一样，到底什么才是最好的获胜方式呢？这永远不会有一个标准答案。

理想的状态是，有一个集体主义的大环境，在这个环境里每个人都能发表自己的意见，并且这些意见都能被正确对待。有争议，有讨论，才会有进步，至于什么样的足球才是好看的，才是美丽的，那取决于您自己的视角。

永不停歇的第一联赛之争

2016年塞维利亚对阵利物浦的欧联杯决赛，以西班牙人的顽强逆转而落下帷幕。

对于塞维利亚和利物浦来说，这场球的意义不仅是拿下欧联杯那么简单，比赛结果还将决定着谁进军下赛季欧冠，因为他们在联赛中一个排第七、一个排第八。

所以这就又引申出欧联杯的第三个意义：看出一个联赛的整体水平究竟如何。正如一个国家是否真正和谐富裕是看它的中产阶级力量强弱一样，整个联赛的实力其实很大一部分需要体现在这些排名中游的球队成绩上。

这届欧联杯上的西班牙球队，八强占三席，四强取其二，塞维利亚更是决赛三连霸。更可怕的是，除了利物浦干掉潜水艇外，其他西甲球队都是被自己人淘汰的。

当然红军在克洛普的统帅下，确实体现出了极强的战斗力。但不可否认，孤军奋战在欧联八强中，总会有那么一丝悲壮。

随着马德里两支球队会师米兰，西班牙人已经连续3年包揽欧冠、欧联的冠军，且其中还有两次是同城内战。过去5个赛季，西班牙球队的欧战积分有4年都超过20分，总积分远超各大联赛。而相比较之下，无论是英超，还是德甲和意甲，单赛季欧战积分还都从未突破20分。

不得不说，一骑绝尘的背后，是与其他联赛之间横亘着的一条东非大裂谷。

风水轮流转的把戏总是一次次在我们眼前上演，犹记2007—2009赛季，英格兰球队连续三年震惊欧冠，四强有其三，C罗、德罗巴们犹如天神下凡，屡次贡献荡气回肠的经典比赛。

忆当年，又有谁敢说英超不是江湖话事人呢。

可直到现在，英超仍是最吸金的联赛，是包装最好、关注度最高的盛宴。俱乐部收入剧增，球员中不乏球星，比赛场故事连篇。这也就难怪了仍有那么多球迷认为英超是当之无愧的足坛No.1。可现在的事实是，他们五年来的欧战积分已被德国人超越了，更别说夺回球场上的第一王座了。英超的第一之说，可能真的不能拿球队实力来论证了。

短短几年，为何前后对比如此令人唏嘘？是球星流失，抑或青训不力，还是传说中的内耗论？

正所谓解铃还须系铃人。或许西班牙足球自身的崛起才是对英格兰球队最大的冲击，连带的影响相当深远。

2008年夏天，实在是欧洲足坛不可忽视的一个节点。

曼联切尔西会师莫斯科，英超风头正劲。而恰恰也是在那个夏天，西班牙时隔44年后再夺欧洲杯，阿拉贡内斯用传控打法对球队进行了改造革新，而哈维也因此荣膺赛事最佳球员，从此在巴萨和国家队迎来他自己的辉煌巅峰。为什么是哈维？因为他就是传控足球的最佳代言人，他也是那支西班牙队的绝对核心。同时，一个站在他身边的年轻人也正在迅速崛起——他的名字叫作伊涅斯塔。有多少人能预料到，这两个其貌不扬的小个子，将在未来数年震惊足坛。

与此同时，另一件极具历史意义的事情发生了。从未有过一线队执教经历的巴萨前功勋队长瓜迪奥拉成为巴萨新任主教练，而此时梦二队已威名不在，小罗、德科等当世巨星被扫地出门。菜鸟教练提出球队要坚持打传控，结果前两场西甲比赛，一平一负，惨不忍睹。在绝大多数人眼里，瓜迪奥拉的到来更像是灾后重建时派来了一个小学生指挥全局，令人错愕。

只有克鲁伊夫语出惊人：这是我看过的最好的巴萨。

随后的故事世人皆知，巴萨打造出了一支名垂青史的梦三，而西班牙队在全面移植传控打法的基础上更是连夺世界杯、欧洲杯，几乎垄断了世界足坛。而曼联在点球战胜切尔西夺得2008年欧冠之后，又在接下来三年里两次与巴萨展开决战，却被技术性压制而无功而返。而2012年切尔西那帮老男孩的欧冠奇迹，在带给我们无限感动之余，并没有在技战术硬实力上赢得世界的信服。世界足坛在那么一段时间里，是完全属于传控的天下。差距开始一步步被拉大。

恰是在这种美丽打法的影响下，英格兰刮起了一股“师夷长技以制夷”的风潮。几年前，马塔加盟切尔西，成为队内助攻王；席尔瓦扛起曼城，成就大师名号；卡索拉统领枪手中场，打出了自己的最好表现。一批批西班牙球员登陆英伦，技术支持之余，也潜移默化地改变着足球鼻祖的风格打法。曾经高举高打、强调身体和速度的英格兰人，开始强调脚下技术、战术意识的提升。

可这并不是个速效的过程，在亦步亦趋之间，英超球队一方面还没有领会其中精髓，还没有取得质的飞跃；另一方面，他们也在改变的道路上逐渐丢失了自己原有的特质。君不见曼城在与真正的西班牙技术流球队的较量中是如何地有心无力，而曼联这两年所谓的传控足球简直就是一剂催眠的猛药，更不用说切尔西，在阿布一再要求打出“美丽”足球的要求下，方寸大乱，不知所措。

阿森纳？他们恰恰是最应该引进“黑又硬”的球队。参考当年的亨利、维埃拉、科洛图雷们，你就知道为什么了。

奇妙的是，近两三年来的欧洲足坛，单纯的传控已逐渐式微。西班牙国家队从巴西世界杯大败而归，哈维们表现极其糟糕；西蒙尼将他的硬朗、狡黠和防守的艺术带到了马竞，也带来了自信和冠军；而巴萨，更是在恩里克的带领下打出了疾风暴雨般的快速反击；还有皇马，只要C罗和贝尔在阵中，就永远不缺少速度与激情。相反，远走德国的瓜迪奥拉，却让他那支极其强调控球的拜仁连续三年倒在西班牙球队脚下。

到底应该怎么踢？潜心学到一半，结果师傅自己玩另一套去了，这让英超球队很迷茫。

而就在他们痛苦挣扎之时，莱斯特城却用最传统的英式长传冲吊配合意大利式的防守，拿下联赛冠军，成就一段史诗般的神话。

简直了。

不得不说，弗格森归隐之后，英格兰豪门在战术打法上日趋摇摆混沌。理念意识的欠缺，让这个国度的足球陷入了麻烦。你可见活跃在世界足坛的名帅之中，哪有英伦绅士的身影。被别人牵着鼻子走，怎么走怎么别扭。

不过对于西班牙足球来说，潜在的危险也常伴左右。二三十年前，意甲联赛也曾异常辉煌，不想进入21世纪以后，随着国家经济的持续衰落，顶尖球员开始大量外流。如今的AC米兰，贝卢斯科尼已拿不出钱购买真正的巨星。而国米的球员，则只能上百度去搜他们的来头。

同样，这几年来西班牙经济不景气的局面并未改变，球队之间贫富差距极其骇人。而反观英超，光是天价的转播费都能让升班马显得财大气粗。连西甲主席都扬言，英超有成为足坛NBA的可能。这不是危言耸听，经济基础影响着社会每一个角落，足球更是逃不出它的手掌。

况且，我们又怎能忽视德国球队在身后的步步为营、紧追不舍呢?

所以西甲目前的强势，并不能成为日后继续称霸的充分条件。危机时刻潜伏，一个不小心，故事就可能演变成另一个版本。

第一联赛之争，成就的是足球的不断进步，满足的是我们这些热爱足球的人。一分激烈，带来一分精彩，而我们要做的，就是好好地享受。

为何曾经辉煌的荷甲联赛现在只能排欧洲十名开外

在欧洲联赛中，除了我们传统认知的五大联赛，哪个联赛最强呢？很多人可能会提到两个联赛，葡超和荷甲。毕竟他们都有球队拿过欧冠冠军，所在国家球星云集，也都获得过欧洲杯冠军。现在，葡超与法甲在第五联赛的争夺上你追我赶，那么荷甲呢？

名不副实，荷甲已经排名欧洲10名以外

如果你不经常关注欧战积分排名，那么一定会对荷甲的排名感到惊讶。

没错，第13名，截至2016年12月的荷甲欧战积分排名。要知道2015—2016赛季荷甲球队埃因霍温还是欧冠种子队，当时荷甲排名欧洲第8，因为巴萨包揽欧冠冠军和西甲冠军而得到了一个种子队资格。2016—2017赛季，荷兰依然只有一支球队进入欧冠正赛，不过以冠军身份直接晋级的埃因霍温很快小组赛提前出局，而且6战仅积2分，排名垫底。而另一支荷甲球队、欧冠四冠王阿贾克斯在资格赛中就被干掉了。

但是不管从球迷的熟悉程度，还是足球资讯平台、足彩数据中心等网站给的版面位置，荷甲都比较靠前。从名气和历史来看，荷甲的确是四大联赛之外最好的联赛之一。但从排名上来看，荷甲已经跌入欧洲二流和三流之间了。

历史辉煌，三大豪门悉数斩获欧冠冠军

在欧冠历史上，荷甲球队累积获得过6次欧冠冠军和2次欧冠亚军，仅次于

#	country	12/13	13/14	14/15	15/16	16/17	ranking	teams
1	Spain	17.714	23.000	20.214	23.928	11.428	96.284	7/7
2	Germany	17.928	14.714	15.857	16.428	10.571	75.498	6/7
3	England	16.428	16.785	13.571	14.250	10.214	71.248	6/7
4	Italy	14.416	14.166	19.000	11.500	8.583	67.665	6/6
5	France	11.750	8.500	10.916	11.083	9.750	51.999	5/6
6	Russia	9.750	10.416	9.666	11.500	7.200	48.532	4/5
7	Portugal	11.750	9.916	9.083	10.500	5.750	46.999	4/6
8	Ukraine	9.500	7.833	10.000	9.800	4.300	41.433	3/5
9	Belgium	6.500	6.400	9.600	7.400	7.500	37.400	5/5
10	Turkey	10.200	6.700	6.000	6.600	6.500	36.000	4/5
11	Czech Republic	8.500	8.000	3.875	7.300	4.900	32.575	3/5
12	Switzerland	8.375	7.200	6.900	5.300	3.900	31.675	3/5
13	Netherlands	4.214	5.916	6.083	5.750	5.900	27.863	4/5
14	Greece	4.400	6.100	6.200	5.400	4.400	26.500	3/5
15	Croatia	4.375	4.375	6.875	4.500	5.125	25.250	1/4
16	Austria	2.250	7.800	4.125	3.800	6.625	24.600	3/4
17	Romania	6.800	6.875	5.125	2.250	2.900	23.950	2/5
18	Denmark	3.300	3.800	2.900	5.500	6.750	22.250	1/4
19	Belarus	4.500	1.750	5.500	5.125	3.000	19.875	4
20	Sweden	5.125	3.200	3.900	4.750	2.750	19.725	4

西意英德四大联赛，在欧冠荣誉榜上排名第五。阿贾克斯4次夺冠排名欧洲第六，费耶诺德和埃因霍温也分别在1970和1988年夺得过欧冠。不过最近一支夺得欧冠冠军的荷甲球队还是1995年的那支阿贾克斯青年军，距今20余年。

在欧联杯（包括其前身联盟杯）中，荷甲三大豪门也都夺过冠军。费耶诺德2冠，埃因霍温1冠，阿贾克斯1冠，特温特和阿尔克马尔还获得过亚军。阿贾克斯还夺得过1次优胜者杯冠军、3次欧洲超级杯冠军。在欧战荣誉榜上，可以说荷甲就是欧洲第五，荷甲三大豪门在欧战赛场都拥有过辉煌时刻。

21世纪之初，荷甲不复当年节节滑落

前文提到的荷甲欧战荣誉，只有2001—2002赛季费耶诺德夺得联盟杯冠军发生在21世纪，荷甲也仅有这一支球队在21世纪进入过欧战决赛。随后比较拿得出手的成绩就是2004—2005赛季埃因霍温进入欧冠四强。进入21世纪以来，荷甲球队进入欧冠八强的次数只有3次！最后一次是2006—2007赛季的埃因霍温，距今已经10年，大家应该还记得中国球员孙祥曾经代表埃因霍温队在欧冠1/4决赛两回合都有登场。

从1996年到1999年，荷甲曾在欧战积分上排名欧洲第五。2000年到2006年，荷甲基本稳定在第六和第七。此后10年，荷甲基本徘徊在第8—10名之间。然后就是2016—2017赛季，荷甲跌出前10名。这真的是节节败退的趋势。

近十个赛季荷甲球队欧冠战绩汇总

赛季	0.5 名额			1 名额		
	代表球队	止步阶段	战绩	代表球队	止步阶段	战绩
2016-2017	阿贾克斯	资格赛第 4 轮	被罗斯托夫淘汰	埃因霍温	小组赛	出局，目前垫底
2015-2016	阿贾克斯	资格赛第 3 轮	被维也纳快速淘汰	埃因霍温	1/8 决赛	被马竞淘汰
2014-2015	费耶诺德	资格赛第 3 轮	被贝西克塔斯淘汰	阿贾克斯	小组赛	小组第三
2013-2014	埃因霍温	资格赛第 4 轮	被 AC 米兰淘汰	阿贾克斯	小组赛	小组第三
2012-2013	费耶诺德	资格赛第 3 轮	被基辅迪纳摩淘汰	阿贾克斯	小组赛	小组第三
2011-2012	特温特	资格赛第 4 轮	被本菲卡淘汰	阿贾克斯	小组赛	小组第三
2010-2011	阿贾克斯	小组赛	小组第三	特温特	小组赛	小组第三
2009-2010	特温特	资格赛第 3 轮	被里斯本竞技淘汰	阿尔克马尔	小组赛	小组第四
2008-2009	特温特	资格赛第 3 轮	被阿森纳淘汰	埃因霍温	小组赛	小组第四
2007-2008	阿贾克斯	资格赛第 3 轮	被布拉格斯拉维亚淘汰	埃因霍温	小组赛	小组第三

惨不忍睹，欧冠小组赛资格赛九成被灭

近几年，荷甲的欧冠名额一直是1.5。荷甲球队比前9个赛季都无缘欧冠八强，我们先详细分析一下荷兰这9个赛季加上2016—2017赛季的欧冠数据。

四个字，惨不忍睹。在0.5个名额的争夺中，荷甲球队10次征战附加赛，只有1次成功晋级。在1个直接正赛名额中，荷甲球队10次征战小组赛，只有1次成功出线。如此10%的出线概率，荷甲确实不足以进入欧洲前10名。

且不说在欧冠正赛中屡屡小组出局，仅从附加赛来看，荷甲球队输给阿森纳和AC米兰尚在情理之中，输给基辅、本菲卡、里斯本、贝西克塔斯等球队也还情有可原，但是输给布拉格斯拉维亚、维亚纳快速、罗斯托夫等球队就让人不解了。而且这不是偶然，一次失败还算意外爆冷，多次失败就是实力体现了。如果排除对荷甲球队的过往认知，只看如今的欧战排名，这个战绩就说得通了。

中国面孔，张玉宁是希望但不要盲目吹捧

如今中国球迷对荷甲的关注点已经从三大豪门转移到维特斯，原因就是张玉宁在这里。这位20岁的小将被视为中国足球未来的希望之星，也在维特斯有过精彩的表现，但他目前还不是球队的主力，甚至不算常规替补。维特斯在荷甲属于中游球队，而荷甲的顶级球队在欧洲的表现尚且如此糟糕，甚至已经跌落至二三流，可见维特斯距离欧洲顶级联赛球队的水准还差多少。所以我们不必因为张玉宁效力一支荷甲球队，就神话他能成为中国足球的救世主，一个球员改变不了一个国家，强如获得金球奖的乔治·维阿，又能改变利比里亚足球多少呢？

不过张玉宁毕竟刚满20岁，潜力无限，虽然目前出场不多，但他也是维特斯重点培养的未来希望。荷甲就算目前再不济，荷兰足球的底蕴、文化、氛围摆在那里，绝对是欧洲一流，中国足球远远不及。所以坚持正确的道路，哪怕现在成绩一般，终会有腾飞的那一天，张玉宁是这样，荷甲联赛和橙衣军团也是这样。

橙风不再，橙衣军团球星断层今非昔比

橙衣军团在世界足坛留下过太多的经典，远的不说，他们在最近两届世界杯就都杀进了四强而且分别夺得亚军和季军。然而现在的这支荷兰队，无缘2016欧洲杯正赛，世界排名20名之外，世界杯能否出线还是疑问，球星严重断层，依然在依靠罗本和斯内德这些老将支撑。曾经掀起华丽风暴的橙衣军团，如今正陷入低谷之中。

一个国家的足球发展水平与联赛发展水平基本成正比，健康发展的本国联赛是国家队挑选后备人才的根基，也许其中有个别反例，但整体来看是这样。荷甲兴，荷兰王。20世纪70年代荷甲球队4夺欧冠，荷兰队两次获得世界杯亚军。1988年埃因霍温欧冠夺冠，荷兰队欧洲杯夺冠。1995年阿贾克斯夺冠，以其青年军为主体的荷兰队在1998年世界杯和2000年欧洲杯都进入四强。2010年和2014年这两届世界杯，荷兰队都杀进四强，但此时的荷兰已经在国内受到了“有橙无汁”的争议，依靠防守反击战术和球星个人能力取得了好成绩，球风已经与传统的荷兰风暴相去甚远。

千古奇冤，博斯曼法案后荷甲从此衰败

荷甲联赛没落，最根本的转折点发生在1995年12月，那个改变世界足坛历史进程的博斯曼法案。博斯曼法案加速了欧盟范围内的球员流动，球员可以在合同到期后自由转会，欧盟球员不再被视为外援，同时禁止欧盟成员国本地联赛及欧洲足协在比赛中限制非本地球员的数目。这些都保护了球员的个人利益，世界足坛开始了翻天覆地的变化。一波又一波的金元风暴在足坛掀起，中小俱乐部根本无法留住优秀球员，世界足坛从20世纪末群星荟萃的时代走向一个由超级豪门统治的垄断时代，强弱分化愈发明显。博斯曼法案出台的那一年，夺得欧冠冠军的阿贾克斯就是最典型的受害者，青年军成员迅速被各大豪门瓜分，阿贾克斯从此再也无力重现当年的辉煌。

阿贾克斯集中体现了荷甲球队面临的问题。荷甲联赛已经成为欧洲顶级联赛的踏板，球员稍有好的表现就会被顶级球队挖走。阿贾克斯一直是荷甲联赛最闪亮的名片，是为荷兰国家队和欧洲顶级联赛输送球星的造星工厂，也是欧洲最著名的造星工厂之一。然而最近几个赛季，阿贾克斯向欧洲顶级球队输送的优秀球员越来越少，其中的荷兰球员更是不多。还有荷甲金靴的质量越来越低，效力于顶级联赛顶级球队的荷兰球员越来越少，荷兰籍主帅不如以前吃香，荷兰涌现过的未来之星如德佩、埃利亚、阿费莱、德伦特等发展都不如预期，这些都反映出荷甲联赛以及荷兰国家队如今糟糕的状况，也能折射出部分原因。

训赛结合，重视青训的荷兰足球根基尚稳

但荷甲联赛最近10年的进一步滑落，橙衣军团最近几年的人才断层，又不能全部把锅给博斯曼法案。毕竟博斯曼法案过去了20年，后10年的荷甲相比前10年的荷甲有进一步的下滑。为什么呢？荷甲不重视防守？不完全是，因为荷甲以前出产的防守球星就不多，一直攻强于守，如今为何连进攻型球星都少了？荷甲以前还能贡献四大才子这样的攻击天才。国土小、人口少是原因吗？隔壁的比利时更小更少，这也说不通。荷兰足球的下滑有多方面原因，其中非常重要的一个原因就是荷兰足球的青训质量不行了。

荷兰青训质量为什么不行了？ 这其中有更多深层次的原因，青训是与联赛相辅相成的，“训”是根基，但想要质变只能靠“赛”，有高水平的“训”没有高水平的“赛”，那么再科学系统的青训都是徒劳，真正让球员提高需要的就是高水平的比赛。好球员不是靠青训“训”出来的，而是在系统青训机制中被选拔出来后在高水平联赛里“赛”出来的。青训与联赛都要发展，以科学青训为根基，用高水平联赛加工优质青训产品，才能实现健康良性的发展。荷兰足球一直重视青训，根基稳固，也许现在在联赛加工的环节出了一些问题，但根基在，方向对，相信荷兰足球重新崛起，应该不会太久。

谈谈欧冠改制后
卫冕路上的那些恩怨情仇

恐怕谁都没有想到，2015—2016赛季的欧冠，拥有全欧洲第一进攻火力组合MSN的巴萨竟然被阻挡在欧冠半决赛的门前，巴萨在结束掉对阵马竞的7连胜的同时，也延续了欧冠改制后没有球队能够卫冕成功的魔咒。在1992年欧冠改制后的这20多年中，巴萨、米兰、阿贾克斯、皇马、曼联等球队，他们都在尝试着打破这个魔咒，但可惜的是他们要不然就是被另一个更强大的对手击败，要不然就是自己被命运捉弄，都与成功卫冕无缘。

巴萨“梦一”时期的遗憾

其实在欧冠改制后的元年就有一支球队有机会成功卫冕欧冠，这支球队就是克鲁伊夫带领的巴萨。当时的巴萨正值俱乐部的第一个巅峰时期，克鲁伊夫上任巴萨主教练后迅速地给球队灌输一种自己独特的进攻与防守的理念，这种理念也足足影响了巴萨此后20多年的岁月，直到今天巴萨也在信奉着克鲁伊夫的理念，并取得了一个又一个的冠军，不过克鲁伊夫还是没办法带领巴萨卫冕欧冠。

在改制前的最后一个赛季，彼时的巴萨在克鲁伊夫的调教下已经成为了全欧洲进攻最出色的球队之一。1992年在温布利大球场，他们与桑普多利亚鏖战120分钟，最后由科曼打进绝杀入球，巴萨赢得了队史第一个欧冠冠军，不过转年欧冠改制后，巴萨却意外地被莫斯科中央陆军所淘汰，丧失了成功卫冕的机会。

米兰连续三次打入欧冠决赛铸就王朝

改制后的头3年里，AC米兰3次出征欧冠都打进了最后的决赛。而不得不提到的就是当时的米兰正在从“荷兰三剑客”时期转型，不过球队的战绩与实力并没有受到太大的影响，主教练卡佩罗也根据球员的情况为球队配备了一套最适合他们的战术。欧冠改制后的第一个赛季红黑军团气势正盛，米兰从小组赛到半决赛全胜，但万万没想到的是米兰在决赛中被马赛所击败。

不过米兰的气势并没有因此而衰退，他们虽然失去了“荷兰三剑客”，但球队的坚硬防守弥补了进攻乏力。1993—1994赛季米兰决赛中遇到了当时全欧进攻最强的球队巴萨，这场比赛在当时被看作矛与盾的巅峰对决，那个赛季，巴塞罗那在联赛和欧冠中总共打进了104粒球，而米兰在意甲夺冠仅仅进了35个球，平均每场比赛只有可怜的1个。赛前克鲁伊夫也展现出了他对于失去“荷兰三剑客”的米兰的轻蔑态度，在巴雷西和科斯塔库塔这对中卫组合缺战的情况下，外界也一致认为巴萨会战胜AC米兰，甚至出现大比分胜利的情况，而事实也是出现了大比分，不过却是米兰4:0战胜巴萨，米兰用他们的防守反击给了荷兰教父一记大耳光。

随后的一个赛季，米兰又是闯入了决赛，不过他们被另一支欧洲豪门球队阿贾克斯所击败，遗憾地错过了卫冕的机会。

阿贾克斯与尤文图斯的努力

将米兰拉下冠军宝座的正是范加尔所带领的阿贾克斯，彼时的阿贾克斯正值巅峰时期，范加尔在1992年上任后提拔了多名有实力的青训球员，同时他也借鉴克鲁伊夫的打法再结合自己的哲学，在经过将近3年的时间后，造就了在“梦一”巴萨后的另一支打法极其吸引人的球队。在1995年欧冠决赛中，克鲁伊维特的进球使得阿贾克斯获得了队史的第4座欧冠奖杯。

转年的欧冠，阿贾克斯再一次进入决赛，不过他们最后点球惜败给尤文图斯，同时尤文也开启了他们连续三年进入决赛的步伐，而尤文这三年的辉煌离不开一个人，那就是“银狐”里皮，里皮凭借他的能力带领斑马军团重塑辉煌，其间也有过非常接近卫冕欧冠的机会，当时尤文拥有齐达内、皮耶罗、德尚、维埃里等球星，但是在1997年决赛中他们1:3负于多特蒙德，同时这场比赛也成为了他们随后的四次欧冠亚军的起点。

皇马五年三次夺冠

1998年，皇马在阔别32年之后夺得了队史的第7座欧冠奖杯，从此开启了一段五年三夺欧冠的佳话，他们分别战胜了尤文、瓦伦西亚和勒沃库森，但可惜的是命运就是如此捉弄人，皇马的这三座欧冠都是相隔一年所得，这不免有着很大的遗憾。当然皇马这三座欧冠夺冠留下了很多的经典镜头，有劳尔的长途奔袭，有齐达内的天外飞仙，更有老将耶罗举起大耳朵杯的激情庆祝。

随着2002年皇马的夺冠，弗洛伦蒂诺越来越深信他的巨星政策，随着罗纳尔多与贝克汉姆的到来，银河战舰1期正式形成，但这样的阵容却没能带领皇马在接下来的几年中进入任何一次欧冠决赛，这种情况直到2014年才结束。

曼联距离卫冕欧冠只差一步

在皇马2002年夺得欧冠之后，欧洲足坛陷入了“你方唱罢我登场”的局面，有波尔图的异军突起，有米兰与利物浦的爱恨情仇，有巴萨“梦二”的胜利，直到2008年曼联夺冠才结束。

2006—2009年可谓是弗爵爷执教曼联的又一个经典时期，在联赛中他们又重新实现了三连冠的伟业，同时在2007—2008赛季的欧冠中，爵爷又带领曼联在莫斯科的滂沱雨夜中取得了队史的第3座欧冠奖杯。随后的一个赛季，爵爷又花费了队史第一转会费引进了保加利亚射手贝尔巴托夫，再加上C罗、鲁尼和特维斯的三叉戟组合，以及后防与中场的辅助，那时的红魔可谓兵强马壮。

爵爷也没有让红魔的球迷们失望，在2008—2009赛季他又带领曼联进入决赛，可惜在决赛中0:2败给瓜迪奥拉的巴萨。相比于11年前的失利，显然爵爷对于这场比赛非常不服，在他的自传中，他曾表达了自己想第二天在同一块场地与瓜迪奥拉再战一场的想法。不过这场胜利成就了巴萨六冠王的伟业，巴萨也开启了“梦三”时期。

宇宙巴萨的遗憾

要问近年来最强的球队是哪支？很多人的回答可能是2009—2012年的巴萨，那段时期巴萨确实值得“宇宙队”这个称号，在瓜迪奥拉的带领下，巴萨先后实现了六冠王、五冠王等伟业。与巴萨对阵，你会感到无助，因为你拿到皮球的机会很少，有时只能看着梅西、哈维、伊涅斯塔之间来回传递，然后破门。不过就是这么强的巴萨还是没能打破欧冠无人卫冕成功的魔咒。

巴萨的第一次卫冕机会出现在2009—2010赛季，巴萨一路过关斩将来到半决赛对阵穆里尼奥率领的国际米兰，但是天公不作美，巴萨在第一回合之前碰上了百年难遇的火山喷发，火山灰的影响使得巴萨只能放弃飞机走地面交通，结果在梅阿查1:3负于国米。第二回合国米在长时间10人作战的情况下硬生生地守下一个0:1，成功进入决赛，穆里尼奥在诺坎普狂奔的经典场面就也定格在了欧冠的历史长河中。

巴萨的第二次卫冕机会出现在2011—2012赛季，巴萨在半决赛中碰到了最不被人看好的切尔西，切尔西在那个赛季的状态很糟糕，外界也一致看好巴萨晋级。但就是在这种情况下，切尔西凭借着坚强的意志硬是和巴萨扛到了最后一刻。第二回合在诺坎普，巴萨遇到的情况几乎与两年前一模一样，可是任巴萨众将士如何围攻也破不了车子的大巴，梅西的点球也无情地被横梁所拒绝，就这样巴萨又错过了一次卫冕的好机会。

值得一提的是，巴萨的足球理念中一直厌恶极其功利的防守主义，不过这两次失利则是被这种主义所打败，并且国米和切尔西在打败巴萨后都夺得了欧冠冠军。

随着格列兹曼的梅开二度，欧冠改制后无人卫冕的魔咒依旧延续着，不过这对于欧洲足球甚至国际足球或许是一件好事，他证明了一支球队无论势头多么强劲，其他球队都会努力地向你发起挑战，也许这就是足球的魅力吧，你永远不能想象到下一秒将会发生什么。

论规则之于足球是什么意义

俗话说得好，“没有规矩，不成方圆”。这句话出自距今2300年前的《孟子》，而《孟子》中原话为“不以规矩，不能成方圆”。字面意思为，如果不能用规和矩（画圆形和方形的两种工具，“规”相当于圆规，“矩”相当于曲尺）的话，就不能制作出方形和圆形的物品，其内在强调规则对于人们生活中的重要性，如果不遵守规则将一事无成。

从2300年前到今天，我们的祖先得出的理论仍旧适用于整个社会，在足球世界中也是如此。绿茵场正因为有合理的规则，才能使比赛既精彩又能按照制度处理各种争议，如果没有规则，抱摔、阻挡、双脚飞铲等暴力行为就会充斥着球场。社会中有法律，球场中有规则，裁判就是法官，裁判按照裁判手册上的条例去判定场上的情况，道理就是这么简单。

但是道理简单是一回事，真正怎么理解规则，怎么运用规则可是另一回事，要不然现在的律师怎么那么值钱。对于规则，不只是裁判，足协、媒体、球迷都要有着一定的了解。那么，如何理解规则？规则与其周围的事物有什么联系？规则对于足球到底有着什么样的意义？

规则的演变代表足球的进步

英国诗人丁尼生曾经说过：“这个伟大的世界永远旋转，不断地改变陈规。”是啊，人类从远古到现代不断地进步，不就是体现在我们每时每刻反思自己，打破旧的秩序，建立新的规则，舍弃愚昧的陈规，保留宝贵的遗产，开拓崭新的思想吗？就如有人在地铁上吃东西，气味影响大家，那我们就设立规则不允许任何人在地铁上饮食，合情合理。

足球发展到现在，我们可以将其发展进步的历史看作规则的演变史。1863年10月26日，一群热爱足球的人在伦敦制定了13条比赛规则，其中包括上场人数为11人、禁止用手触球（包括守门员）等等，现代足球也油然而生。有了初步的规则，球员们知道在场上哪些该做哪些不该做，裁判也有一个统一的准则去判定场上局面；有了规则的基础，教练也能制定战术来适应规则。

但足球需要发展，规则也需要发展。原始的足球经常会出现“九锋一卫”的阵形，双方得到球后都是一个大脚找前锋，没有中场的传导，完全失去足球应有的观赏性。为了抑制这种现象，足球史上产生了最具划时代意义的规则——越位规则。最早的越位规定进攻球员前面只剩两人时，即算作越位，但这种规则抑制了球队进攻的积极性，很多球队选择保守足球。在经历“极左极右”之后，1925年，越位规则正式被修改成如今的大体规则。另外点球规则也是在发现禁区内有恶意犯规的情况下，被犯规方没有得到公正对待时应运而生的，点球的目的就是给故意在禁区内阻碍正常进攻的行为以相应的处罚。这些规则的产生都是相对应绿茵场上所发生的问题。

因此规则的改变在很大程度上代表足球的进步，每一项规则的改变都是为了让足球本身更精彩、更合理。现代足球的规则已经趋于一个非常合理的阶段，但仍旧有讨论的问题，例如是否取消“客场进球多晋级”，是否取消禁区内“红牌+点球”的惩罚等等，规则只要有可改变的地方，足球就有可进步的空间。

犯规该如何界定

足球场上，裁判总是承受着很大压力，一方面双方高程度的对抗总会产生一些激烈的碰撞，尽管裁判是专业的，但这些场面对于他们来讲也不是很好判断的，另一方面裁判只要做出令一方不满的判罚就会遇到来自球员、球迷和媒体的压力。但裁判还是要应对好这些情况。如何应对呢？他们只有根据球员的动作，依照规则做出判断。

什么叫“只有根据球员的动作”？举个例子，如果一个人在带球，有人跑过来突然故意撞他，结果他保持好重心没倒地，撞他的人却倒地了，谁犯规？当然是撞他的人犯规，尽管撞他的人倒地，但是撞他的人做出犯规动作，与他完全无关。虽然例子有些夸张，但道理却是显而易见的，裁判应根据球员的动作做出判罚，而不是看最终的动作产生的效果。

2012—2013赛季欧冠1/8决赛曼联与皇马的世纪对决进入白热化阶段，此时曼联总比分2:1领先，形势大好，但在第55分钟谁也没想到的转折点来临了，纳尼跳起停球时踢到同样争抢皮球的阿贝罗亚的胸口上，相信这个场面被很多人铭记，主裁判卡基尔直接出示红牌将其罚下，场上的形势也因此逆转。这张红牌也成为人们议论的焦点，在当时很多人都觉得此球量刑过重，不应该直接出示红牌，从回放镜头可以看到纳尼眼睛一直盯着球，并没有看到冲上来的阿贝罗亚，显然纳尼想要停球却不慎踹到同样像争抢此球的阿贝罗亚。

但按规则讲，此球红牌没有问题，因为不管纳尼是什么想法、看没看到人，他的脚都是直接踹到对方胸口，属于恶劣犯规。卡基尔赛后也解释：“向纳尼出示红牌是正确的，他当时的动作极具危害，这种危险动作是绝对不被允许的，可能有些人会说我的判罚过于严厉，真有人这么想的话，我认为那是因为他并不真正了解足球的规则。”于情，纳尼确实有些委屈，但这就是规则，如果规则中掺入人情，那么即便故意的恶劣犯规也会有不同的托词。

我们常常指责英格兰的裁判“眼瞎”。的确，有些时候他们的尺度过于宽松，有些在其他联赛中不允许的犯规在英超被认为是合理的，而且这些英格兰裁判还时常出现错判、漏判点球等“眼瞎”情况。不过英超裁判“眼瞎”并不代表不按规则走，相反英超裁判是非常尊重规则的。

2011—2012赛季英格兰足总杯曼市双雄狭路相逢，与之前的1:6截然相反，曼联在上半场就取得3球领先，但这并不是重点，重点是主裁判弗伊在孔帕尼的一次铲断中直接出示红牌将其罚下！但是纳尼躲过了这次铲球，孔帕尼的动作直接铲到球，并铲倒纳尼，那为何弗伊还是掏出红牌呢？原因在于规则中不允许出现双脚离地飞铲对手的情况，一旦出现，立即红牌。我们看孔帕尼的动作完全属于这一范畴，尽管他没有直接伤害到纳尼，但这种动作是明令禁止的，像这种危险动作这次没有伤害到他人，不保证下次不出现事故，所以主裁判弗伊的判罚合乎规则，没有问题。

通过上面的例子，应该可以清楚判断一名球员是否犯规，不应该看他的动作造成什么后果，他有着什么样的想法等等，而是只根据球员的动作，依照规则做出判断。所以说足球规则既复杂又简单，复杂在于足球场上千变万化，不同情况有不同的规则，而简单在于只需要考虑规则就可以了。

规则与舆论、民意

足球是世界第一运动，球迷数量也是世界第一，就中国来说，虽然没有一个确切的数字，但说起码有1亿人关注着足球这项运动应该不过分。这么多球迷如果造成一个统一的民意或者舆论，其力量非常大。但舆论是不稳定的，有时正确有时错误，那么制衡舆论、民意的事物是什么？只有规则！

中国足协经常在舆论的风浪尖上，球迷们总是指责足协不作为、昏招频出，其实这些倒是其次，哪个国家的足协是完美的呢，又有哪个足协做出的每一件事都会令所有人满意？真正重要的是足协是否按照规则，不看其他因素，公正平等地对待每个人、每件事，而在这件事上足协还有很长的路要走。

2015年中超泰达主场对阵上港，郭浩背后上抢孔卡时踩踏到其脚后跟，导致孔卡提前离场（孔卡第二场比赛即复出），而在比赛结束后，上海媒体纷纷对郭浩口诛笔伐，再加上反应强烈的球迷，导致足协决定对郭浩采取“禁赛两场+罚款”的处罚。而这件事该如何看待呢？我们暂且不论禁赛两场的惩罚重不重，其实足协处罚郭浩本身没有问题，毕竟郭浩的动作是规则不允许的（主裁当时出示黄牌），但问题在于足协并不是第一时间想要处罚郭浩，而是在可怕的舆论面前才做出此处罚，那么你把球员处罚条例视作什么？

一年后，上港主场迎战富力，这次是孔卡在与富力小将王佳楠的争抢中背后飞铲，导致王佳楠韧带撕裂，赛季报销。好，我们先将王佳楠的伤势情况放到一边，就说孔卡的这个动作可是比郭浩有过之而无不及吧，但当值裁判并没有做出任何表示。那么按规则来说，这类危险动作应该受到追加处罚，但这次媒体们没有费大量笔墨，球迷们也没有太愤慨，足协也没有受到什么舆论压力，从而并没有做出任何有关这次事件的表态或者处罚。

这就有些荒唐了吧！难道被犯规的是1993年小将而不是巴甲MVP，就熟视无睹？难道足协的处罚条例只是舆论的附属品？舆论大就拿来用，舆论小就随手扔到一边，那还有什么公正平等！孔卡的动作有些大，不代表他的品行不好，媒体也有自己评不评论的权利，这两件事真正没有按规则走的只有足协。

当然足协还是在进步的，他们也时刻在反思自己。中超2016赛季著名的上海德比出现了登巴巴不幸断腿的情况，理智看，孙祥的动作与“恶意动作”无关，登巴巴的腿正好别在孙祥的两腿之间造成不幸，其实足球场上这样的不幸是难免的，孙祥也坦言自己决非故意伤害登巴巴，但赛后球迷们还是对孙祥口诛笔伐，甚至说出“孙祥必须被终身禁赛”类似的话。面对这种情况，足协保持清醒的头脑，他们处罚了蔡慧康（故意踩踏莫雷诺）和汪家捷（脚踹休息室的门），没有处罚孙祥。足协这次没有受到“民意”的干扰，做出了正确的决定。

舆论和民意是把双刃剑，正确的舆论可以对某件事起监督作用，但错误的舆论可以造成很可怕的伤害，在严重的舆论氛围内，人们可以不顾规则，甚至颠倒黑白。如果无限膨胀的民意就是对的，大家赞成的事都是对的，那么大家用语言暴力、肢体暴力也就顺其自然了，开什么玩笑！

规则是否可以掺入人情

规则和人情，这似乎是一对反义词，在我们平常的生活工作中，常常会有托人办事的人情事故，而这种人情大多数情况都要违背各种各样的规则，在中国尤甚。那么裁判是否可以将人情带到绿茵场上呢？答案当然是不能。有些裁判为了不得罪两边的球员和球迷，在判罚时尽量"找平衡"，这次判罚犯规引起主队不满，下次主队犯规时就得过且过，类似的判罚是在亵渎规则。

在2014—2016年的中国足球圈，马宁已经成为一个耳熟名详的裁判，虽然马宁有时的判罚属于"眼瞎"行为，但他一直遵守着规则，不会掺入任何人情，就如2015年的上海德比，他依次罚下3名申花球员，不过根据实际情况，这3张红牌没有大问题，你可以说马宁有些严厉，但马宁是严格按照规则判罚的，他没有考虑申花少打一人后的情况，也没有考虑申花球员的感受，因为他就不应该考虑除规则外的因素。

当然也有一些反例，南非世界杯决赛上德容飞踹阿隆索的画面已经成为"经典"，但这种"经典"是不光彩的，当值主裁韦伯为了双方的平衡，只对德容出示黄牌，这明显是不合乎规则的。

规则能不能活用

前文强调规则的重要性，但说到底规则就是一本书，场上的形势还需要主裁判来判断。裁判是人不是机器，场上各种各样的情况不能只用一本规则来定死，规则只是底线，是裁判用来判断局势的法律。像球场上快发任意球、角球偷罚战术都是合理的，还有沙佩科空难后哥伦比亚国民竞技队让出冠军一事也体现了人间可贵的情感，这也是国民竞技队的权利。正所谓"法无禁止即可为"，在规则允许内或者没有禁止的情况下，你就可以做你想做的事情。

当然在规则上还有道德问题。2016—2017赛季德甲联赛RB莱比锡的异军突起令人刮目相看，但他们在德国却不招其他球迷待见，原因在于RB莱比锡一些异于常人的做法，例如在队名中插入“RB”这样具有广告性质的字眼、不尊重“50+1”规则等等，但RB莱比锡也有着自己的解释，他们解释“RB”为“Rasen Ballsport”，意为“草地足球”，同样“50+1”规则禁止一名投资者持有一家球会49%以上的股份，RB莱比锡表面上也没有违反。

但实际上，谁看见“RB”这两个字都会想起“Red Bull”红牛，而对于“50+1”，俱乐部高层设置1000欧元的会费门槛，因此俱乐部只有17名球迷会员，这意味着俱乐部的权力几乎落入投资商的手中。所以其他球队的球迷不满也就不奇怪了，因为这是在钻规则的空子。不过RB莱比锡就应该被严词指责吗？毕竟他们没有违反德甲联盟的规定，真正应该被指责的是德甲联盟的规则本身。正是由于规则不严谨，才会引起这么多争议，所以想要消除争议，就需要提高规则的严谨性来获取进步。

足球与政治

政治是每个人、每个地区、每个国家需要面对的问题，我们常说足球是和平年代的战争，球队往往代表一个地区的荣誉，而两个地区较量当然会产生一些对立情绪，但大家都不希望将政治问题带入这种对立情绪中，足球场中没有政治。

了解西班牙历史的人多少会清楚加泰罗尼亚与西班牙之间的关系，我们都知道加泰罗尼亚想独立，不少巴萨球迷也希望独立，他们经常会把各种加泰独立的旗帜带入诺坎普，会在赛前喊有关独立的口号，但每次这些举动出现都会招致欧足联对巴萨的处罚。我们要清楚欧足联处罚的是什么？是加泰罗尼亚想要独立错没错吗，当然不是，欧足联才不管你独不独立，事实上每个人都有表达自己观点的权利，欧足联处罚的是巴萨球迷将政治带入球场，因为欧足联不允许把政治问题和足球联系在一起。巴萨球迷可以表达自己的观点，上街游行、政府门前示威都可以，但足球场中不允许你有这种权利。

但政治问题确实比较大，有些事情属于“灰色地带”，无法确切定义。例如2016年FIFA禁止英苏两队在英国国殇日佩戴罂粟花臂章，这引起了广泛争议，在国殇日佩戴罂粟花的传统在英国由来已久，目的是纪念在战争中牺牲的军人与平民，不过FIFA就认为这属于政治范畴，但与上述加泰独立事件不同，罂粟花并不会引起什么政治争议，英国前首相卡梅伦就曾表达过不满，所以这就需要规则进而明确地定义政治问题的范畴，从而进步。

争论过后

人不是神，人不过是感情用事、不断犯错的再渺小不过的生物而已，同是这样的凡人，我们能够判决别人吗？当然不能，因此规则代替我们来做判决，同时这也是足球经过漫长的发展而得出的宝贵经验。

全面解析4231之起源和优缺点

如果要说战术，最近十几年足坛最流行的阵形非4231莫属，下面就从教练视角对这一阵形进行探究。

组织

从站位来看，4231阵形包括4名后卫组成的防守单元，2名中场（双支点）、3名进攻型中场和一名前锋。这种设置，尤其是2名偏防守的中场在很多时候让大家觉得4231也是一个偏防守的阵形，因为2名中场可以给后防线提供一层牢固的保护。

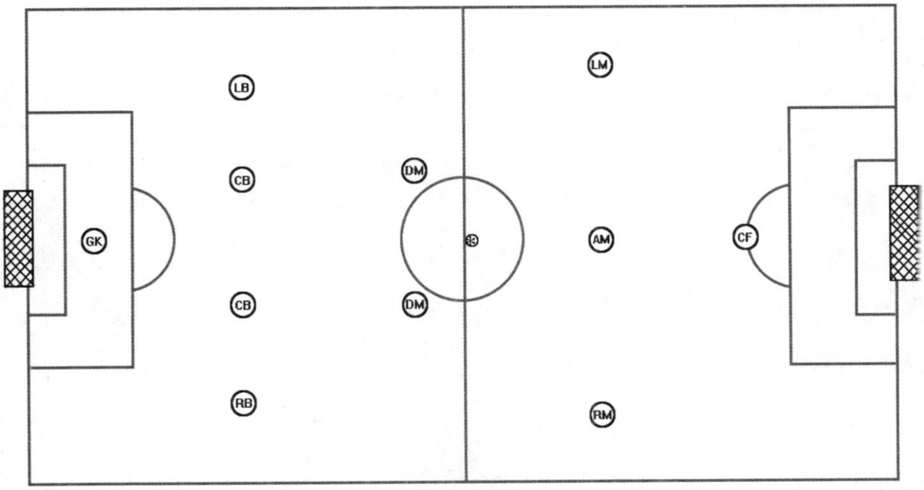

但是，双中场角色的变换可以给前面的进攻三人组提供强大的火力支援，再伙同前锋形成延绵不绝的攻势。同时两名边后卫也可以前插参与进攻，这种时候防守重任就交给中后卫和双中场，可以说变化非常丰富。

4231的历史

相对而言，4231是一个比较“年轻”的阵形，他的创造者是任塞维利亚助教的西班牙人胡安·利略。如果要说起当今足坛的顶级教练，利略并不在列，你甚至可能听都没听说过此人，但瓜迪奥拉将他形容为：“我心目中永远的大师，合作过的最好的教练之一。”

加泰罗尼亚人执教的风格明显受到了利略的影响，瓜迪奥拉职业生涯晚期曾经在墨西哥球队圣拉诺亚效力过半年的时间，他的目的就是去那里投奔利略，学习吸收同胞的战术理念。

“佩普和我都专注于同一件事情：超越球场上位置的局限性。哪怕站位再好，球员再棒，但是不能干掉对手那又有什么意义呢？”利略曾经如此表示。

现任塞维利亚助教从来没有踢过职业联赛，却在16岁的时候成为一名足球教练，那时候他执教的是阿玛奥兹，4年后转战家乡球队托洛萨，一支位于西班牙第四级联赛的队伍。随后他成为西班牙历史上最年轻的国家教练奖得主。因为利略带领名不见经传的萨拉曼卡连升两级杀入西甲，利略也成为历史上最年轻的西班牙顶级联赛主教练，只有29岁。

在他执教萨拉曼卡之前曾在莱昂尼萨短暂地带过一个赛季（1991—1992赛季），在那里他第一次排出了4231阵形。随后在利略执教萨拉曼卡和皇家奥维多的岁月，这一阵形得到发扬光大。他一直坚信4231拥有最完美的传球体系，同时还能紧逼和压迫对手，哪怕球员的水平并不完美。

这套阵形将利略的足球哲学付诸实践，一方面他的球队能够拥有控球权，而对手从后场出球时也能形成良好的高位反抢。其中的关键就是用中场的五人组在这片区域形成绝对的控制权，这个概念也得到了瓜迪奥拉坚定的传承。

现在利略的身份是桑保利的助手，跟着阿根廷人从智利国家队转战塞维利亚。在智利时他们就负责从青年队到成年国家队的所有执教事宜，创造了辉煌的战绩，美洲杯结束之后两人来到西班牙，回到利略的故土，而他也被称为桑保利的“大脑”。

现代4231

当今足坛，无论是国家队还是俱乐部，4231都是使用最为广泛的阵形，无论是西甲、英超，还是世界杯和刚刚结束的欧洲杯。

魔力鸟也是4231阵型的拥趸之一，凭借着这套阵法，他在国际米兰、皇马和切尔西都取得了巨大的成功。

对此他还有过一段经典的论述：“如果我在中场有一个铁三角，那么我的球队在面对传统442打法的队伍时就会永远保持优势，因为中场比他们多一个人（5个人）。首先从两名后腰中的一个人开始，如果他处在无人盯防的状态，那么他就有足够的时间来洞察全场形势，如果有人贴身盯防那就意味着另一名后腰那里就有足够的空当。如果他们两人都被盯死，这就意味着对方的边锋也后撤参与防守，这个时候两个边路就会门洞大开，我们的边锋或者边后卫就可以长驱直入。所以在面对442的时候，4231永远都占据一定的优势，天然的优势。”

当然，4231并不是这位曼联新帅唯一喜欢的阵形，433和菱形中场站位的442他也用得得心应手，但4231始终都是他最擅长的打法，而他手下的曼联将士们对这套阵法也不陌生，因为范加尔时期也踢过4231。

4231的优势和局限

优势

1. 防守很强，5名中场让球队在中间地带拥有强大的控制力，从而减少后防线的压力。

2. 控球率高，而且传接球方面，随时都能形成三角站位和传递。

3. 边路进攻，因为中路的强势让边后卫有机会大幅度前插参与进攻。

4. 防守覆盖，四名后卫可以很好地覆盖防守区域，而且可以随时加入边路防守。

5. 中场双核，双后腰配置首先可以在后防线前面筑起一道屏障，同时也能有效盯防对方的10号位球员。

6. 进攻灵活，3名进攻型中场再加1名前锋，前场进攻选择性多，攻防转换灵活。

局限

1. 3名进攻型中场在无球状态下需要承担起一定的防守任务，很多时候这其实只是教练的一厢情愿。

2. 边后卫确实可以充分利用边路的空当前插进攻，与此同时他们身后也容易被对方的反击打穿。

3. 3名进攻型中场在攻击时需要全力支援前锋，以防前锋被对方孤立。

4. 对球员的战术意识有一定要求，需要良好的位置感来控制球场空间，尤其是在球队领先的情况下。

5

品足球，就是要不同趣味

全能的足球球员！换个项目他们也能参加奥运

体育世界两项最大的盛世，就是足球世界杯和奥运会。很多足球迷自然也期待着奥运会足球项目，但是受限于年龄限制等等，奥运会足球项目的大牌球星并不多。很多球星无法参加奥运会足球，但他们好像还可以报名一下其他项目。

C罗——跳高

在当今足坛，C罗的弹跳和滞空无人能及，有这个身体底子，再练习一下专业动作，C罗有实力去挑战一下跳高项目。

奥巴梅扬——100米

美羊羊曾在一次冲刺中跑完30米仅用3.7秒！比2009年博尔特在柏林打破百米世界纪录的前30米冲刺还要快！快如羚羊的奥巴梅扬，跑百米绝对能冲一把！

贝尔——200米

把球传给三秒后自己的大圣贝尔，以追风逐电的速度立足江湖。而且贝尔擅长外道超车，所以200米是个不错选择。

张伯伦、吉布斯、贝莱林、沃尔科特——4×100米

阿森纳短跑四将可战4×100米接力，只要避开两个风险，一是伤病，二是

张伯伦、吉布斯交接棒被判违例……

布拉德利——马拉松

足球球员必须具备一定的耐力，2014年世界杯美国比利时之战，美国铁汉布拉德利就单场跑出16,690米，堪称足球场上的马拉松运动员。

厄齐尔——铁饼

做饼大师厄齐尔，什么肉饼酥饼油饼铁饼不会啊。呃，不过玩铁饼，饼童吉鲁递饼捡饼的速度还有待提高。

巴神——标枪

巴神曾经通过训练场的窗户朝曼城青年队的小球员投掷飞镖，至于大号的标枪，巴神应该也有这个天赋和造诣。

纳尼、马丁斯——自由体操

纳尼和马丁斯是花式空翻和连续空翻的达人，如果在足球场边修剪一块自由体操的场地，他俩进球后能直接奔过去参赛。

布冯——单杠

现在的年轻人就是爱好广泛，比如在2016年欧洲杯上，意大利小将布冯就在赛后冲到球门玩单杠，而且摔倒一次以后，第二次就学会了。

内德维德——铁人三项

对于铁人来说，参加铁人三项是非常合适的运动。

伊布——跆拳道

伊布真的练过跆拳道，而且还是黑带五段，不逊于专业选手，这也是为什么他总能打进各种高难度球。

佩佩、德容——拳击

北德容，南佩佩，两位握手之后，将会直接前往球场边的拳击馆参加拳王争霸赛。

罗本——网球

罗本年轻时是个运动天才，擅长国际象棋和网球，还获得过荷兰国内11岁年龄组的网球冠军，荷兰国家网球队助理教练还曾拜访罗本家劝他打网球，最终罗本在12岁时选择了足球。

扎卡——乒乓球

阿森纳新援扎卡在采访中曾说，自己很喜欢打乒乓球，但在德国没有遇到能和自己打乒乓的人。独孤求败的乒乓扎卡，汝可愿转会中超否？

门将们——手球

手球项目简直太适合门将了，本来就是用手玩球加守门的，时不时手抛球发动进攻，底子肯定好。

万乔普——篮球

还记得那个2006年世界杯揭幕战两破莱曼大门的万乔普吗？他是哥斯达黎加的名宿，也是孙继海效力曼城时的好友。据孙继海回忆，万乔普身体素质超强，曾打过篮球，在曼城基地训练时，穿着拖鞋也能完成扣篮动作。

欧文——马术

昔日追风少年，今成追风骑士。迈克尔·欧文在退役后开办了自己的马场，享受养马的生活。爱马人欧文，参加马术怎么样?

苏亚雷斯——排球

2010年，苏神在南非一战成名，凭借对加纳队最后时刻的成功拦网，苏神帮助乌拉圭实现重返四强的梦想，名震排坛。

罗本、范佩西、斯内德——曲棍球

罗本不愧是运动天才，不仅擅长足球、网球、国际象棋，还有曲棍球，因为他是荷兰三棍客的王牌——铁棍客罗本。又会踢球又会玩棍，何不参加曲棍球？再加上电棍客斯内德、木棍客范佩西，荷兰三棍客纵横曲坛指日可待。

？——跳水

据说每个球迷心中，都有一个对手阵中的跳水健将。

欧洲杯的猴年神律

世界大赛中总有一些神奇的定律，你无法解释，它没有理论依据，似乎冥冥之中有一种魔力，让历史惊人地巧合。

每四年举办一届的欧洲杯，注定将发生在中国农历的鼠年、龙年和猴年，其中猴年举办的欧洲杯总会出现黑马。而且从第一次猴年欧洲杯至今，每逢猴年，总有黑马杀出，十二年一个轮回。

南斯拉夫灰姑娘——1968年第三届欧洲杯

南斯拉夫在预选赛小组赛中力压世界杯亚军西德队出线，并在1/4决赛中大胜法国晋级决赛圈。当时的决赛圈只有4支球队，南斯拉夫半决赛面对英格兰，对手两年前是世界杯冠军，而他们两年前都无缘参加世界杯。两队场面非常火爆，第86分钟，扎伊奇摆脱博比·摩尔后打进绝杀，助南斯拉夫晋级决赛。这场胜利被南斯拉夫人称作是“灰姑娘的胜利”，在炎热的天气中，英格兰队穿着漂亮的丝绸做的球衣，而南斯拉夫队只能穿着厚厚的亚麻布球衣，他们最终却爆冷击败了自信的世界冠军。南斯拉夫人赢得了意外的胜利，他们最终败倒在一粒快罚任意球和一粒疑似越位球之上，在决赛的重赛中负于东道主意大利，屈居亚军。

红魔初问世——1980年第六届欧洲杯

比利时在预选赛小组赛中惊险逆袭葡萄牙出线，以1分优势晋级决赛圈。

那届赛制特殊，8支球队分为2组，小组第一直接进行决赛，第二进行三四名决赛。比利时首战1：1平英格兰，第二轮胜西班牙，末轮他们打平东道主意大利，与意大利同分，凭借进球数多两个的优势晋级决赛。比利时第一次也是迄今唯一一次进入大赛决赛，欧洲红魔也从此开始了20世纪末的辉煌，瑟勒芒斯、希福、威尔莫茨等球星让红魔的魔力延续了20年，成为欧洲足坛一股不可忽视的力量。比利时最终在决赛中一度点球扳平西德队的情况下，第88分钟被赫鲁贝施头球绝杀，错失冠军。

丹麦童话——1992年第九届欧洲杯

南斯拉夫在预选赛中头名出线，但因为深陷巴尔干危机受到国际足联制裁，他们被取消了参赛资格，所在小组的第二名丹麦临时替补参赛。丹麦队当时只有两周时间准备比赛，中场指挥官大劳德鲁普拒绝参加，球员们大都在度假，主帅内尔森还在装修厨房。丹麦队在1988年欧洲杯上全败垫底，1990年世界杯也无缘参加。就是这样一支非一流球队，居然创造了奇迹。他们小组赛末轮2：1击败法国，逆转对手出线。半决赛与荷兰队杀入点球大战，最终淘汰卫冕冠军。决赛面对1990年世界杯冠军德国，丹麦2：0延续奇迹，最终夺得了冠军。对于丹麦童话的经典评价是，丹麦人最后一个来到晚宴，却带走了所有的蛋糕。

希腊神话——2004年第十二届欧洲杯

史上最冷的一届世界大赛在这一年诞生。意德西小组赛被淘汰，英法无缘四强，荷兰止步半决赛，两支从未进入过欧洲杯决赛的球队会师决赛。葡萄牙黄金一代在家门口对冠军势在必得，然而面对揭幕战输过的希腊，他们却第二次被这块石头绊倒，0：1落败无缘冠军。他们对面的希腊队，此前仅参加过两次世界大赛，未尝胜绩，欧洲杯夺冠赔率仅为1赔80，位列倒数第三。然而他们却以多两个进球的优势力压西班牙出线，随后1：0击败卫冕冠军法国，1：0击败四连胜的大热门捷克，1∶0击败东道主葡萄牙，成为世界大赛史上最黑的黑马，成为首支在同一届比赛中同时击败东道主与卫冕冠军的球队，也成为首支在大赛淘汰赛阶段不失球的球队。希腊诸神登上神坛，小小罗的眼泪让人心碎。

传说依旧——2016年第十五届欧洲杯

本届欧洲杯的参赛规模扩大至24支，有5支球队首次亮相，冰岛和威尔士两支首次参加欧洲杯的球队竟然都杀入八强。尽管冰岛负于法国无缘四强，但威尔士在1/4决赛中3∶1赢下龙魔决，杀入四强，继续着龙的传说。半决赛，威尔士大战葡萄牙，贝尔大战C罗，这场皇马王牌之战以C罗的胜利结束。最终，赛前并不被看好、小组赛一场未胜的葡萄牙在决赛中战胜夺冠最大热门、东道主法国队，力压德意西法英五大豪强，夺得冠军，延续了欧洲杯的猴年定律。

足坛影视界颁奖了！来看看谁得奥斯卡！

看了这么多电影电视剧，你觉得谁是最佳主演？

《速度与激情》

主演：C罗、贝尔

有速度，又有基情，一言不合球场飙车，还有谁！

《爱情公寓》

主演：梅西、内马尔、苏亚雷斯、拉基蒂奇、图兰

你们这么乱，让隔壁老罗咋想？

《三傻大闹宝莱坞》

主演：里贝里、穆勒、阿拉巴

呃，拜仁这画风，实在没谁了。道具！上扑克！

《一吻定情》

主演：杰拉德、阿隆索

难忘那一吻的深情，难忘属于红色的火热基情。

《霍比特人》

主演：乔文科、因西涅、维拉蒂、列依

手牵手我们一起走，呼吸下面的空气。

《魔兽》

主演：德罗巴

德华呀，不演八戒演魔兽了。

《来自星星的你》

主演：罗纳尔多

他是乱入地球的外星人。

《大圣归来》

主演：贝尔

这造型……那个谁！化妆组的鸡腿不用加了！

《死神来了》

主演：拉姆塞

他是被人戏谑的死神，他是励志归来的拉神。

《火锅英雄》

主演：本泽马

再多的解释，都是对锅锋的不敬。

《功夫》

主演：德容、佩佩

北德容，南佩佩，二人得一，可安后防。

《泰囧》

主演：卡马乔

那一夜，永远的耻辱。

《港囧》

主演：佩兰

既然已经杀进12强，就不提往事了。

《捉妖记》

主演：拉涅利与英超其他19队主帅

就是那只老狐狸，抓住他！

《咱们结婚吧》

主演：施魏因斯泰格、伊万诺维奇

真没骗你，他们就要结婚了！

《英雄本色》

主演：特里、吉格斯

没毛病……

《全城高考》

主演：拉什福德

“教练，请假，有考试！”“先把法国游记给写了。”

《移动迷宫》

主演：伊瓜因

到现在都没明白，他是怎么走出那个体检室的。

《家有儿女》《余罪》

主演：阿拉巴

小伙挺忙啊，怪不得是拜仁的全能帝星。

《康熙王朝》

主演：托蒂、德罗西

古有四十年太子，今有五百长队副。康熙朝的故事，在罗马城真实上演。

《雍正王朝》

主演：温格

四爷呕心沥血，补国库之空虚，造一时之盛世。虽未称千古一帝，仍可谓一代英主。

《炊事班的故事》

主演：范加尔、厄齐尔、吉鲁、本泽马

有厨师做菜，有大厨摊饼，有食客吃饭，就算行军打仗，还有专业背锅。

《卫生队的故事》

主演：穆里尼奥、伊娃、阿扎尔

这个剧车迷看了一个赛季。

《霸道总裁爱上我》

主演：厄齐尔、C罗、弗拉米尼

小媳妇、罗总裁、弗总裁，一场波澜壮阔的史诗三角恋震撼上演！

《神医喜来乐》

主演：沃尔法特、罗本、罗伊斯、迪亚比们、穆勒

神医没悬念，病人一大群，关键是让穆勒来饰演德福合适吗？

《奋斗》

主演：瓦尔迪、帕耶

请相信，有梦想，就会有奇迹！

第一倒车天团！皇马五车太逆天

曾经，切尔西拥有天下第一倒车天团，特里、伊万们在对方禁区翻江倒海，横冲直撞显神锋本色。但如今，皇马倒车天团横空出世，左边锋马塞洛、中锋拉莫斯、右边锋卡瓦哈尔疯狂表演，让小将阿森西奥感叹，难道我只是“汪锋”？

除了这三位，瓦拉内和佩佩也具有很强的进攻属性。曾经皇马有五鹰，如今皇马有五车。再加上热身赛踢出世界波的那位，只要方向不搞错，神锋有我达尼洛！但是这哥们还需要再练练，跟其他几位取取经。

“水爷牌”救护车——拉莫斯

拉莫斯就像皇马的救护车，总是出现在最危急、最困难的生死关头，力挽狂澜，妙“头”回春。拉莫斯是真正意义上的大场面先生，补时时刻令对手绝望，让马德里竞技与塞维利亚找到了“同是天涯沦落人”的感觉。2014年欧冠决赛补时绝杀扳平，2014年世俱杯决赛首开纪录加冕MVP，2016年欧冠决赛首开纪录，2016年欧洲超级杯补时绝杀扳平。补时牌亮，就是“水爷牌”救护车鸣响警报的时候了！2016—2017赛季的西甲联赛，水爷大显神威，19场联赛进了6个球，其中还有1个梅开二度，力压贝尔、本泽马两位正牌前锋，与莫拉塔并列队内第2位。或许在未来，齐达内把拉莫斯拉出来打前锋，也并非不可能。

“武僧牌”装甲车——佩佩

强壮的身体，硬朗的作风，后防线的佩佩就像一辆装甲车，极具杀伤力，富有攻击性。当然，针对不同时期的佩佩，这个“杀伤力”和“攻击性”会有不同的含义，不过现在佩佩的“杀伤力”和“攻击性”更多体现在战术层面，他的头球非常具有攻击性，只不过更多被上面那个哥们抢走了。

“大傻牌”越野车——卡瓦哈尔

2016年8月10日凌晨的欧洲超级杯，卡瓦哈尔119分钟奉献绝杀，而且还是奔袭绝杀，这简直不可思议，这哥们这么能跑？踢了119分钟居然还有这样的爆发力！卡瓦哈尔已经低调地跻身世界顶级右边后卫的行列，他就像一辆越野车，给人的感觉就是耐用、能跑，不一定多华丽，但艰难险阻需要他来踏平。

“队宠牌”跑车——马塞洛

有时候你真的很难分辨马塞洛究竟是边后卫还是边锋，这哥们马达发动后就完全进入了忘我的状态，一通极速狂飙就杀进了对方的阵中，就像一辆跑车，玩的就是一个快字，三秒钟变身边锋，边后卫反倒成了副业。2016年夏天的热身赛，马塞洛是皇马队内的最佳射手，也难怪C罗总是被他“挤”到中锋位置上去。

“学霸牌”校车——瓦拉内

“学霸”瓦拉内就像一辆校车，稳健，踏实，散发着青春的气息，承载着未来的希望。想当年瓦拉内一战成名，就是在国王杯半决赛面对巴萨，一记精彩的头球叩关，闪耀伯纳乌，初生牛犊丝毫不惧猛虎。此外这辆校车的速度也不慢，曾在马德里德比上演精彩的高速超车。

皇马后防线集体飙车的场面实在太恐怖，这是一条在球场上练习“倒车入库”的防线，这是一条在球场上书写《诗经·卫“锋”》的防线。有这么几位在防线待着，纳瓦斯的心路历程恐怕颠颠的吧！

足坛最强段子阵

足球不只是刺激的，足球也可以是欢乐的，用来调侃的。总有一些球星，被贴上各式标签，莫名地“沦陷”在段子手笔下。小小的调侃无伤大雅，反而能让我们品味不一样的足球。

背景型门将——乔哈特

足球运动中门将的位置，天然就隐藏着背景板的属性。如果一个门将能在背景板中称帝，那么曼城的英格兰门神乔哈特真乃至尊背景帝。只有你想不到的世界波，没有哈特没见过的世界波。江湖流传，面对哈特蒙一脚，神仙进球跑不了。

一心改行型门将——诺伊尔

他被誉为带着手套的前锋，他被赞为防守积极的前锋。他是世界上守门最好的前锋，也是世界上球荒最长的前锋。“可他是个门将啊！”“哥们，你确定？！”天知道诺伊尔到底是干哪一行的。俗话说干一行恨一行，诺伊尔用实际证明了这句话，一心转行去干前锋，可惜他就是抢不过老司机、罗老汉和穆二愣子们。

不务正业型后卫——拉莫斯

在三年两次欧冠决赛和2016—2017赛季西甲联赛，皇马后卫表现一般，但

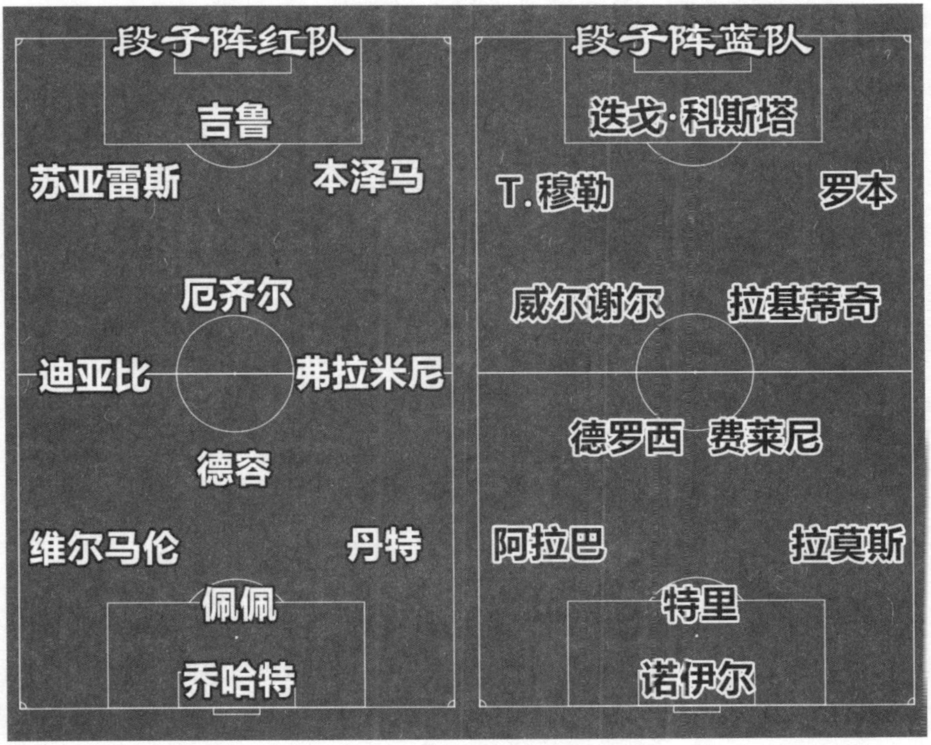

中锋拉莫斯发挥出色。嗯，这话没毛病！水爷真心是球场上“不务正业”的典范，要说人家诺伊尔顶多跑到中圈，水爷是直接奔着对方禁区就去了，跟对方后卫抢头球，跟本方中锋抢饭碗。要问水爷这中锋干得怎么样，库尔图瓦、奥布拉克、里科纷纷下线，纳瓦斯咬牙点了举报。

兼职经纪人型后卫——特里

常看搞笑足球小漫画的朋友一定知道，特里是一大主角，而且出场必备某种小人书。2010年的“友妻门”事件，让特里声名扫地，用现在的话来说，特里是给队友布里奇兼职当了一回经纪人。不过现在特里场下管理双腿的能力已经达到了他场上的水平，而且知错不再犯，重塑好男人形象，委员长同志还是值得点赞的。

演艺巅峰型后卫——阿拉巴

“我的梦想是加盟皇家马德里！”可是撞脸张一山的阿拉巴却在拜仁慕尼黑达到了人生巅峰。在年少时出演大型喜剧电视《家有儿女》后，阿拉巴今年又出演了电视剧《余罪》，成为新一代男神，演艺事业达到巅峰。在足球圈，阿拉巴已成拜仁帝星，身价五千万欧元开外。这些年，阿拉巴改了名字，换了国籍，长了身高，晒了皮肤，我们依然要说：“夏东海、刘梅、胡一统！你们孩子有出息啦！”

惨案型后卫——丹特

弱队惨案年年有，强队惨案真不多。一个球员在巴西、拜仁、狼堡效力，照理是个虐别人的主，但是巴西百年不遇的1：7（2014年巴西世界杯巴西对德国），拜仁五年少见的1：4（2015年1月德甲拜仁对狼堡，本场拜仁失球数是前17轮的总和），莱万前无古人的1：5（2015年9月德甲莱万9分钟进了狼堡5个球），丹特作为后卫全是那个1的亲历者。真是王二麻子挨揍，全赶点子上了。

躺冠型后卫——维尔马伦

什么叫命催？请参考丹特先生的职业生涯。什么叫命好？请参考维尔马伦先生的巴萨生涯。多少巨星一辈子拿不到的欧冠奖杯，他在病床上就有了；多少球星一辈子都拿不到的5个冠军，他在板凳上也有了。他对医院护士甚至比对队友还熟悉。命好，没办法。

武术型后卫——佩佩

如果给佩佩剃回秃子再穿上一身武僧行头，他可以毫无违和感地站在十八铜人阵里。一张凶神恶煞的脸，加上一副要球还是要命的架势，对手看一眼都要先掂量掂量轻重。如果给佩佩制作集锦，那也必须两份，一份足球解围集锦，一份武术动作集锦。

功夫型中场——德容

提到佩佩如果不提德容，那实在对不住两位武林大师对峙江湖的身份，南佩佩北德容威震绿茵。想当年世界杯决赛，德容一记窝心脚让硬汉阿隆索痛苦不已，也正式向武僧佩佩宣战。一支球队若拥有前德容后佩佩的防线组合，世界上任何锋线都会未战先惧，保命要紧。

拄拐型中场——迪亚比

阿森纳是著名的段子队，队内满满的都是段子，尤其是前枪手球员迪亚比。有人戏言此君出现在段子和漫画里的频率比出现在球场上都要高。都说久病成良医，不知道昔日病榻上的二爷会不会以阿森纳队医的身份重返枪手呢?

创业型中场——弗拉米尼

在我们最初的印象里，弗拉米尼只是一个在球场上干脏活累活、貌不惊人的屌丝后腰，但是自从他被曝出拥有上亿资产后，弗拉米尼立刻晋升为弗总裁。现在再看他踢球，总有一种领导下基层视察与民同乐的既视感。

喂饼型中场——厄齐尔

厄齐尔的名字在足坛就等于助攻。他的做饼技术出神入化，即便身前站的是大吉鲁和小老虎这样的厌食症患者，他也能做出新鲜美味的饼，并且亲自喂到他们嘴边。两位患者的任务不是拿饼、咬饼、嚼饼，而是咽饼。

抽喝烫踢型中场——费莱尼

费莱尼有一头让人不忍直视的蘑菇云，一直默默讽刺着队长鲁尼。这哥们放假也不安生，在海边叼着雪茄，喝着小酒，如此集抽烟、喝酒、烫头于一身，也是“足坛于谦”的典范了。不知道曼市德比费莱尼（于谦）PK京多安（郭德纲），将会上演怎样的场景。（注：京多安=Gündogan≈Guodegang=郭德纲）让我们一起喊，费老师四大爱好：“抽烟！喝酒！烫头！踢球！”

生不逢时型副队——德罗西

“你哭着对我说，童话里都是骗人的，我不可能，是罗马队长。也许你不知道，从我三十岁以后，我的内心，一切都懂了。”唉，话不多说了，好歹是拿过世界杯冠军的一代铁腰，好歹是拾金不昧诚实守信的球场模范，这是什么命啊！德罗西大概是当今足坛能力最被低估的球员之一，因为他的名字更多出现在托蒂续约等新闻的下面。在罗马方言里，生不逢时的拼写大概就是“De Rossi”吧。

宣传委员型中场——拉基蒂奇

世上梅吹千万，只服辣鸡一半！克罗地亚金发男子做“梅吹”做的，大概是这样。“自打我加盟巴萨以来呀，就独得梅西恩宠。这世上梅吹千万，梅西就偏偏宠我一人儿。于是哪，我就劝梅西，一定要雨露均沾！可梅西，非是不听哪。就宠我，就宠我。”哎，拉基蒂奇，你瞧你那损色儿！

抽烟拄拐型中场——威尔谢尔

小威胁如今的名字真该用天津话喊了，叫“威胁小”！他现在的威胁是真小。想当年灵童出世，天赋异禀，现在却大不如前，让人唏嘘。近几年，小威胁就没停过烟，没断过拐，继承了阿森纳医务室悠久的历史和传统，迪亚比、维尔马伦、阿特塔灵魂附体！别人烟盒上印着“吸烟有害健康”，他那估计印的是“吸烟有害，但是健康”。太子啊，该醒醒啦，枪迷留给你的时间不多了。

嘻哈傻乐型前锋——穆勒

一身搞笑细菌，一副二货模样。托马斯·穆勒完完全全颠覆了人们对传统德国人的印象，关键是这哥们颠覆得也太彻底了。要不是会说德文，还真以为你是长了毛的陈佩斯，去了皱的赵本山。而且穆勒是一个自带两套集锦的神奇男子，一套搞笑集锦，一套进球集锦。但友情提示，第一套已售罄。

谢顶老汉型前锋——罗本

用一曲京东大鼓来唱罗本和穆勒这对CP简直太有爱了。“火红的太阳刚出山，球场上走来了半边天。安联里走过来人两个吭，一个老汉一个青年哪哎哎呀。罗老汉今年有五十多岁……”额，该打住了。要说罗老汉是真随主帅，在车愿做毛茸茸的鸟，在仁愿做光秃秃的瓜。罗本的发型和颜值遭到了太多的调侃，更别提什么单刀不进梗、秋裤梗、滑跪梗、棍客梗等等了。

盛世美颜型前锋——科斯塔

罗本需要感谢迭戈·科斯塔，因为他的存在，老汉谎报年龄的事也没那么严重了。回想2014年夏天，托雷斯租借离队，科斯塔转会加盟，蓝军的颜值从此一落千丈，到了不忍直视的地步。从此，蓝军球迷已经对球队的颜值失去希望，没有要求了，连科斯塔都能接受，还有谁不能接受呢？当然只要科斯塔继续进球，他依然是蓝桥最帅的盛世美颜。

食人型前锋——苏亚雷斯

有些前锋以“生吃”后卫为乐，还有些前锋以“生吃”后卫为乐。前者的代表是贝尔，后者的代表是苏牙。这几年，苏牙从小众熟悉的荷甲咬到大众熟知的英超，再咬到全民关注的世界杯，成为后卫恐惧的食人型前锋。《舌尖上的苏牙》，现已成为拉影的保留节目。

打脸型前锋——吉鲁

大吉鲁是那种可以靠脸吃饭靠脸进球同时以打别人脸为乐的球员。你夸他世界级前锋，他用单刀不进打你脸；你骂他垃圾废柴，他用连续进球打你脸。所以现在每逢枪手比赛，都会有大批枪迷聚众骂吉鲁，谁让你小子吃硬不吃软呢！

背锅型前锋——本泽马

在皇马群星中，法国前锋本泽马的首要任务不是进球，不是突破，不是组织，而是背锅。一种功劳归你黑锅归我的大无畏精神支撑着他长期立足银河战舰。虽然贝尼特斯一度替徒儿背了半赛季锅，但依然无碍本泽马皇马第一背锅侠的地位。

同样是主角！
盘点那些足球场上的“任性”裁判

2016年2月26日，刚刚闯入欧联杯十六强的勒沃库森在一场关键比赛中客场不敌美因茨，而主教练施密特则在观众席上目睹着自己的球队被对手在积分榜上反超。

如此关键的时刻，主教练怎么跑到了观众席上？！各位看官，还记得此前一周勒沃库森与多特蒙德的对决吗？如果你收看了直播，那么恭喜你，因为你有幸见证了一个历史时刻！在这场比赛的下半场，由于施密特在被罚上看台后拒绝离场，是役主裁判茨瓦耶突然中止了比赛，并“任性”地带领助理裁判们直接返回了更衣室……据《图片报》报道，在德甲联赛53年的历史上，这种主裁判“罢哨”的情况还是头一回出现，茨瓦耶可谓无形中创造了历史。

在足球领域有这么一个标准：比赛时让所有人均感受不到裁判的存在，是对一名优质裁判的最好评价。但是，出于主观或客观原因，却有那么部分裁判因自己独特的“任性”行为而一跃成为比赛主角并成功抢占了头条。下面，就让我们一起盘点下那些“任性”的主裁判。需要说明的是，“任性”一词并非均指贬义，如茨瓦耶的“罢哨”举动虽有争议却并非错误。

你不下场我下场

首先详细讲讲施密特与茨瓦耶的故事吧。2015—2016赛季德甲第22轮勒沃库森与多特蒙德一战来到了下半场，多特利用快发任意球机会由奥巴梅扬首开纪录。由于认为该任意球为误判且多特发球地点距犯规点太远（德媒后经技术处理认定为4.5米），所以勒沃库森主帅施密特向主裁判茨瓦耶激烈抗议，于是茨瓦耶毫不客气地将施密特罚下。

但是，此时的施密特已经怒不可遏了，他不仅拒绝离场甚至让队长基斯林上前询问茨瓦耶为何把他罚下。没想到的是，茨瓦耶突然吹停了比赛，径直带领着执法团队离开球场进了更衣室。踢着踢着比赛，裁判突然走了，场上的球员和场边的观众可真是惊呆了，连观战的德国队主帅勒夫也是一脸茫然、哭笑不得。最后，经勒沃库森体育主管沃勒尔等人劝说和斡旋，施密特选择离场，裁判团队则重新回到场上，比赛在中断了9分钟后得以继续。

赛后，德国足协对茨瓦耶的行为表示了支持，并对施密特处以停赛五场、罚款2万欧元的重罚。虽然施密特为自己的过激行为道歉并接受了处罚，但沃勒尔却非常不满："罢吹令人大长见识了，中止比赛毫无必要，主裁判这是明显想把比赛搞得更刺激一点吧。"当然，沃勒尔很快便收到了1万欧元的罚单。

不带红黄牌就登场

对于裁判来说，红黄牌就是自己的致命武器，也是球员们最为忌惮的"紧箍咒"。不过呢，还真有裁判同志居然忘记带着这个"家伙"就登场执法了。据英国《每日邮报》报道，在2011年英超埃弗顿主场对伯明翰的比赛中，当值主裁判沃顿就犯了这个错误。

比赛来到第40分钟，当沃顿准备对犯规的伯明翰后卫穆奇掏牌时，手伸进口袋却半天什么也没有掏出来。沃顿大悟：原来自己忘带牌了！其实呢，如果此时沃顿网开一面，保持不出牌到中场休息，恐怕他忘带牌的错误也就蒙混过关了。但是，沃顿作为一代名哨可是个认真的主，于是他急中生智，假想着自己拿出了黄牌，举起手掏出"隐形黄牌"冲着穆奇晃了一下，并告知这是一张黄牌。

沃顿这一令人啼笑皆非的举动让全场观众顿时目瞪口呆：这难道是我看错了，还是皇帝的新衣呢？不过穆奇倒是没有深究沃顿的失误，而是点点头示意自己接受了这一张空气黄牌。其实，比赛中忘记带红黄牌的例子不仅发生在沃顿身上，还有很多名哨也闹过这样的笑话，例如光头裁判科里纳。

主裁判居然罚下边裁

红黄牌是用来惩罚场上球员的，但是你见过用来惩处场边助理裁判的吗？2007年4月，在西班牙南部古城格拉纳达举行的第三级别联赛第23轮的一场比赛中，围绕着客队一个似进非进的争议入球，是役主裁判和助理裁判发生了激烈的争执。半场比赛结束后，两人的矛盾进一步升级，在回更衣室的路上依然争论不休。

就在此时一出奇景发生了：是役主裁判阿尔卡尔德当着全体观众和球员的面，掏出红牌将自己的助理裁判蒙特罗罚下，理由是该助理裁判在争执中辱骂了他。更奇特的是，这名助理裁判居然接受了这一判决！于是整个下半场，球场上向我们展现出的都是无厘头的画面：只剩下一位助理裁判贯穿两个半场跑上跑下地忙活着……赛后，您真得加个鸡腿补补啊！

自己也能罚下自己？

不仅可以罚下边裁，主裁判甚至还可以罚下自己。2012年9月，在维甘主场对富勒姆的英超比赛中便出现了这搞笑的一幕。比赛中，富勒姆中场西德维尔滑铲时不小心铲倒了40岁的主裁判普罗伯特，后者倒地后示意队医进入场内给他治疗。在治疗过程中，或许是为了安慰“肇事者”西德维尔，又或是为了调节场上的紧张气氛，普罗伯特在接受治疗时向自己出示了一张红牌示意把自己罚下，此前剑拔弩张的比赛气氛顿时便轻松了下来。

普罗伯特的“任性”无疑展现了自己幽默与近人的一面，也让紧张的英超比赛有了一份轻松与快乐。见到普罗伯特自我罚下的行为，场边的球迷哄堂大笑之后响起了雷鸣般的掌声，甚至平时不苟言笑的贝尔巴托夫，也被这一幕逗得乐不可支。

有一只可怜的鹦鹉

其实呢，围绕着裁判的红牌我们还可以做很多文章，而这次的主角呢？是一只鹦鹉！2009年1月的一场英格兰地区比赛中，赫特福德希斯队在主场迎战哈特菲尔德城队。在这场比赛中，一位主队球迷用笼子带着鹦鹉来到了现场。不要小瞧这只鹦鹉，它的模仿声音能力实在太惊人了。比赛刚刚开始，这只名叫米图的鹦鹉便成功地模仿起了裁判吹哨子的声音，并且每当场上哨声响起后，这只鹦鹉就会复制一遍。

有了这位不速之客的搅和，随后的比赛便可想而知了。由于场上球员分不清哨声究竟来自主裁还是场边的鹦鹉，比赛不得不因此而频繁地中断。半场结束前，有意思的一幕终于出现了，忍无可忍的主裁判径直走向看台，冲着这只学舌的鹦鹉掏出一张红牌！还好，这只鹦鹉的主人倒也识趣，随即带着可怜的米图离开了球场。

还有一名可怜的裸男

足球比赛中，不仅一只鹦鹉可以被罚下，一名闯入球场的裸男也难逃此厄运。2007年8月，在新赛季即将打响之际，曼联与国际米兰在老特拉福德球场进行了一场友谊赛，场面精采绝伦，双方上演了进球大战。

不过正当两队激战正酣时，场内突然出现了“不速之客”：只见一名一丝不挂的裸奔男子失控地冲进球场，并导致球赛一度无法继续进行。驻场警察见况，马上采取应急行动将裸奔男子制服。也许是想为友谊赛再增添一分快乐和轻松的气氛，当值主裁判走到裸男身后，搞笑地掏出了红牌，示意驱逐裸奔者离场……

裸男还能引发“血案”

上文所讲的裸男因为闯入球场而被罚下，而有的球员却因为制止裸男……

而被罚下了！在英格兰第六级别的一场联赛中，多尔切斯特城队3：1击败了哈文特队。在这场比赛中，又有一位“不速之客”意外地冲进了球场之内，头戴假发，身上只穿了一件十分另类、荧光色的“吊带内裤”，英媒《太阳报》称这装扮为“曼基尼”（也就是比基尼的“男士版”）。面对这突如其来的一幕，勇敢的多尔切斯特城球员阿维克斯勇敢地站了出来，用一个标准的摔跤动作将这名裸奔男掀翻在地，动作凶猛的程度让裸男的假发都甩在了草坪上。

接下来，更为荒诞的一幕发生了。或许是认为阿维克斯的动作过于残暴，或许是认为阿维克斯让“裸男”破相了，是役主裁判跑上前向这位见义勇为的好汉出示了红牌！“我被主裁判的判罚震惊了，他居然向我出示了红牌。我只是想阻止那个可笑的裸奔家伙，他们应该感谢我才对。但主裁判却向我出示了红牌，我简直不敢相信。”阿维克斯至今也没搞清楚这张红牌的缘由，或许他更没有搞清楚这个家伙为什么选择第六级别的比赛去裸奔……

欢迎来到“主裁时间”

足球比赛中，裁判由于受伤而被第四官员替换的事例并不少见，但意甲裁判鲁索被换下的经过则充满了传奇色彩。这事发生在2014—2015赛季意甲佛罗伦萨与AC米兰的比赛中。比赛的上半场波澜不惊，下半场德斯特罗为AC米兰取得领先。但是随后，比赛便进入“主裁时间”。先是在一次球出边线后，鲁索令人意外地吹停了比赛，在所有人都疑惑不解的时候，其缓缓走到场边示意脚踝出了问题。急于追分的佛罗伦萨赶紧派出队医跪在地上为主裁疗伤。经过治疗，鲁索恢复了活力，比赛继续进行。

然而没不久，鲁索再次感到了难受。只见他突然冲至场边的替补席，张开嘴接过工作人员递过的一个白色小片并吞下，这一镜头令替补席上的队员可谓错愕不已。在比赛进入尾声后，鲁索依然疼痛难忍，来到场边要求被换下，但第四官员却没有准备好。裁判“任性”，球员此时更“任性”，他们迫不及待地自行开始了比赛，于是鲁索不得不赶回场上吹停了比赛。随后，第四官员准备完毕，接过鲁索的哨子吹完了比赛……

不走指定路线可不行

荷兰球星西多夫在职业生涯的末期登陆巴西发挥余热，但是不想在这里却遇到了一位“任性”的主裁判。2013年，在巴西里约热内卢锦标赛中，这位前皇马和AC米兰老将在伤停补时阶段被换下场。为了节约比赛时间，主裁判本内特（不是那个水货状元）示意西多夫从更近的一边边线下场，但是西多夫没当回事，选择了另一条路线走下球场，于是本内特向其出示了一张黄牌。

事情发展至此本该结束了，可是西多夫不为所动，依然执着地按照自己设定好的路线向场外走去，于是“任性”的裁判立刻追了上去，又向其出示了第二张黄牌！就这样，西多夫在短短的10秒钟内累计两张黄牌而被罚下了场。赛后，西多夫不解地表示：“为什么我就不能从那儿下场？”

对不起，我是一名警察

对付球员，除了红黄牌还有什么办法？还有手枪和子弹！2009年，在巴西贝洛哈利桑塔市附近的一场地区比赛中，因为认为布鲁马迪纽队员的一次危险动作没有被裁判惩罚，阿曼特斯队的教练和替补都冲入场内向主裁判穆尔塔讨要说法，其间还出现了踢人、扇耳光等暴力动作。

于是穆尔塔“怒了”，他并没有掏出红牌（估计红牌也没有用），而是扭头回到了更衣室翻出了自己的手枪。随后，这名本职职业是名警察的主裁判手持枪冲回到球场找打人的球员“理论”，幸好被边裁拦住才没有酿成命案。至于阿曼特斯队的人呢？早吓跑了！其实，在足球场上出现的枪击等人命事件并非没有，据报道在南非等国均发生过此类悲剧。

被戴绿帽子后的复仇

谈完了悲剧，再谈点喜剧吧！2002年的一场智利甲级联赛中，主裁判卡马诺做了一件令人啼笑皆非的事情。在球员和裁判的冲突中，他将其中一位球员踢倒在地，随后为了掩人耳目，卡马诺竟然向倒地球员出示黄牌判其假摔，真可谓贼喊捉贼。事后智利足协本来计划对卡马诺终身禁赛，后因裁判工会干预而改为停哨一年。

但是，这位奇葩裁判的故事到此还没完。在解禁复出后，卡马诺被人戴了绿帽子，而抢走他女友的正是比亚尔队的队员洛佩斯。不久后，卡马诺终于得到了吹罚比亚尔队比赛的机会，并在赛前公开表达了报仇的决心："比亚尔队，今天你们就歇着吧，无论如何你们也赢不了。"果不其然，那场比赛在卡马诺的吹罚下，比亚尔队输掉了比赛。赛后，比亚尔队向足协裁判委员会递交申诉，指控卡马诺因为情感纠纷而故意陷害本队，裁判委员会主任接到申诉后哭笑不得：这案子也太TMD奇葩了吧？

一个点球要罚六次

这是发生在2004年雅典奥运会男足比赛中的一个故事。是役突尼斯国奥队与塞黑国奥队进行较量，在比赛即将结束前，突尼斯国奥队获得了一粒点球，并且由贾迪迪将球成功罚进。但是，来自塔希提岛（就是当年宫磊指导当球王的国家）的主裁判阿利洛蒂玛，却示意由于有球员提前进入禁区而必须重罚。

当然，这样的判决在当今足坛并不罕见，但这场比赛所罕见的是：在判决重发一次之后，阿利洛蒂玛接连四次以同一理由要求重罚点球。这真是太"任性"了，以至于两队球员在随后罚点球时连动都不敢动了。于是，贾迪迪于第六次罚进点球后，阿利洛蒂玛才"无奈地"宣布这次罚球有效，而突尼斯国奥队的球员们对这粒辛苦而来的入球可谓是欣喜不已。连踢六次方得裁判首肯，这应是足球史上最难罚的点球了吧？

看错表了重新踢

不仅国外，国内的裁判也不乏“任性”者。2010年8月22日，北京国安在主场2：2战平河南建业。比赛最后时刻，第四官员示意全场比赛补时3分钟。然而，当补时仅仅进行到了91分55秒，主裁判张雷便吹响了比赛结束的哨音。虽然即使如此，球员们并不知情，纷纷以为全场比赛已结束，脱下球衣向中圈走去准备握手，还有的球员已经选择离场。

就在此时，国安的教练组进入了场地，并提醒张雷补时并不够。当然，主裁判本可选择就此终止比赛，但如梦初醒的张雷却选择了一个令人啼笑皆非的补救措施：他向双方球员和教练示意自己看错了表，要求球员回场重新进行比赛。于是，比赛通过掷球重新开始，两队又踢了1分钟后，张雷第二次吹响终场哨……

球童进球算有效

作为一名球迷，你是否还记得球童射门也算进的奇葩事件呢？这事发生于2006年巴西圣保罗杯圣克鲁斯队与索罗卡瓦体育队的比赛中。当时，圣克鲁斯队的一次射门偏出了立柱，于是他们的球员随即回收半场准备参与防守。不过，场边的球童在捡球时却玩要了一番，他并没有将球交还给索罗卡瓦体育队的门将，而是顽皮地将球带入场内并且射进球门。

随后最为奇葩的一幕发生了。当值女主裁奥利维拉扭头一看，发现皮球出现在了门里，随即判圣克鲁斯人队进球。这可引来了潮水般的抗议，但奥利维拉声称自己根据边裁提示做出的决定而拒绝更改。赛后，奥利维拉遭到了禁哨处罚。不过，你可不要小瞧这位“任性的”女裁判，她可是巴西国内有名的美女级裁判，甚至拍过裸照。

十大足坛最怪合同：不能滑雪更不能上天

根据媒体爆料，巴洛特利在利物浦效力期间，如果连续3场没有因为暴力犯规被红牌罚下，那么他在红军每年能额外拿到100万英镑。这事搁别人身上肯定是不可思议，但在巴神那里，一切皆有可能。足球界有很多奇怪的球员，同样就会有很多奇怪的合同。

斯宾塞·普利奥尔　卡迪夫城　　理由：吃羊蛋

2001年普利奥尔从曼城转会到卡迪夫城，转会费为70万英镑，但不知道时任俱乐部主席山姆·哈曼是如何忽悠他在转会条款中加进这么两条的：第一，普利奥尔需要吃掉羊头和羊蛋；其次，在尼尼安公园球场期间，这名中后卫需要和一只羊保持“物理联系”，也就是要他养羊！

来自黎巴嫩的哈曼表示在他的祖国羊蛋是一道美味，一开始他还要求普利奥尔生吃羊蛋，但后者拒绝了，他只接受烹饪过的食物。“这很简单，”哈曼解释说，“斯宾塞不是威尔士人，他需要向这里的人民证明他了解这支球队，了解这个地方，那样他才能成为一位真正的领袖。”

在很多人眼中哈曼就是个疯子，他曾经当着其他球员的面亲吻迪恩·霍尔德沃斯的屁股。而普利奥尔本人也不是特别抵触这项条款：“这肯定是足球史上最奇怪的条款，但我还是想试一试。”后来足总证明，吃羊蛋是真的，养羊则是假消息，但这已经够疯狂。

布约内比　利物浦　　理由：不能滑雪

挪威人布约内比在1992年加盟红军，在他的转会合同中有一项这样的条款，严禁他在默西塞德效力期间从事任何与滑雪相关的活动。布约内比的父亲是一名跳台滑雪运动员，因此他也喜欢这项运动，但俱乐部认为太危险了，所以严禁他滑雪。

施瓦泽　桑德兰　　理由：不能上天

一般谈合同就是双方坐下来商讨具体的条款，然后再一条条地复核。1999年瑞典中场，施瓦泽在加盟桑德兰时，工作人员在球员喜好这栏里看到了一项奇怪的条款。

“史蒂芬，这是什么？太空旅行？我的上帝啊！”

细心的工作人员发现施瓦泽的一位顾问订了一张维珍银河公司的太空旅行票，于是他们赶紧在合同中加了一项条款，要求瑞典人在合同期间不能离开地球。之后桑德兰CEO约翰·菲克林回忆说：“商谈结束后，我觉得我们保住了一名好球员，或许若干年后太空旅行会变得稀疏平常起来，但不是现在。”

C罗　皇家马德里　　理由：天价违约条款

当年葡萄牙人以8000万英镑的身价加盟皇马，来到伯纳乌之后俱乐部就认为决不能放任C罗离开，根据《马卡报》的爆料，任何想买皇马7号的俱乐部至少都要花上10亿欧元，不得不说，这项条款十分保险。

比利亚　巴塞罗那　　理由：反种族歧视

前巴萨前锋在2010年从瓦伦西亚转会诺坎普时成为了足球历史上第一位在合同中加进反种族歧视条款的球员。根据欧洲俱乐部联盟的说法，这确实是创历史性的举措，时任巴萨主席的拉波尔塔说从那一刻开始，每份巴萨的新合同都会加入这一条款。

凯文·基冈 纽卡斯尔 理由：理想很丰满，现实很骨感

当2008年9月国王凯文怒气冲冲地离开自己的王座，并且把自己的王冠丢到泰恩河时，他便开始了一桩冗长的官司，前利物浦传奇要求纽卡斯尔赔偿他2400万英镑的名誉损失，但是根据合同规定，如果基冈主动辞职他最多只能得到200万英镑的赔偿，可怜的凯文。

罗纳尔迪尼奥 米兰 理由：不能直接转会意大利其他俱乐部

小罗从巴萨转回到AC米兰时，俱乐部在转会合同中规定如果巴西人离开米兰，那么他不得直接前往其他任何意大利俱乐部。其实这项条款在足坛中已经屡见不鲜，2007年海因策希望从曼联转会到红魔死敌利物浦，当时红军的报价已经触动了阿根廷人的离队条款，但是主教练弗格森坚称俱乐部CEO大卫·吉尔和海因策有过口头协议，不能直接转会利物浦。最终双方对簿公堂，而且曼联赢得了官司的胜利，海因策只得离开英国去了皇马。

帕格尔斯多夫 汉堡 理由：主席走我也走

汉堡主帅帕格尔斯多夫和俱乐部主席乌伟·席勒非常要好，以至于在他的合同里写了这么一条，一旦席勒不担任主席，他随时可以走人。不过当席勒真的走人时，帕格尔斯多夫却没有离开，而是在帅位上再待了四年。

穆里尼奥 国际米兰 理由：想走我就走

葡萄牙教练每次换东家都不会亏待自己，所以，在每一家他执教的俱乐部，魔力鸟都会兢兢业业地对待自己的工作。“我的合同非常简单，”2010年3月接受采访的时候国米主教练如此表示，“我又续约了3年，但是在合同中写

明，只要我想走，任何时候都能离开。”最终狂人带领大国际拿到三冠王之后在巅峰抽身而去，就是那么潇洒。

沙欣　利物浦　理由：没实力争冠就别买我

2012年1月，利物浦力压众多球队抢到了沙欣，这位曾经的德甲最年轻进球纪录保持者，不过根据土耳其人合同中的一项小条款，任何有“冠军竞争力”的球队都能以500万英镑的价格买走他，而利物浦最终只得以租借的形式让沙欣加盟，租借费还是500万英镑，同时全额承担他的工资，而且没有在租借合同中加入买断正式转会的条约，除了这些，红军还承担了沙欣所有的飞机往返费用以及在利物浦的居住费。

6

光影

足球的魅力，也在于记忆和陪伴

中国足坛历史经典组合
三大王朝隔空对话

在中国足坛职业化历史上，20余年来也诞生过很多经典的组合，他们书写着中国职业足球的历史，拥有着属于自己那闪亮的篇章。

太阳神“国仔+胡椒”——彭伟国、胡志军

广州太阳神是广州恒大的前身，他们获得了1994职业化元年的甲A亚军，锋线杀手胡志军22场打进17球收获元年金靴，被誉为“中场少帅”的彭伟国也打进6球。“国仔”彭伟国和“胡椒”胡志军的“国仔胡椒”组合依稀让人想起甲A时期的烽火岁月，在职业化前三年，国仔胡椒的总进球分别是23、15、12，那支太阳神也一直是甲A的中上游球队。

北京国安四大名捕——高峰、高洪波、曹限东、谢峰

1995年，职业化初期的北京国安拥有名震江湖的四大名捕，金左脚曹限东、冷面杀手高洪波、浪子高峰、快马谢峰，国安的这组前场攻击组配合默契，各有特点，成就了那支“小快灵”的经典国安，他们也最终获得当年的联赛亚军，四大名捕打进24球，其中高洪波打进11球位列射手榜第二。那是属于四大名捕的国安，他们还书写了又一个中国足球的名词——工体不败。

万达七君子——郝海东、小王涛、大李明、孙继海、徐弘、张恩华、韩文海

大连万达是中国职业化历史上第一个王朝，他们夺得了甲A前五年中的四个冠军，还创造了赛季不败夺冠和55场不败的神话。国足历史第一射手、中国顶级联赛第二射手郝海东，中国顶级联赛历史第四射手小王涛，“海涛组合”也是中国足坛经典的高快搭配，还有拥有超强突破传中能力的大李明，黑子张恩华与队长徐弘组成坚固的后防线，19岁坐稳主力的边后卫孙继海，经验丰富的守门员韩文海，七人中除了郝海东全是大连人，再加上金斯、汉斯、内梅切克，他们都是万达王朝的历史印记。

北京国安三杆洋枪——冈波斯、安德烈斯、卡西亚诺

1997年下半年，巴拉圭前锋卡西亚诺加盟北京国安，与安德雷斯和冈波斯组成了国安锋线的三杆洋枪组合。而卡西亚诺的首秀也是三杆洋枪首次集体出战，就震惊了整个中国足坛。面对上海申花，卡西亚诺、安德烈斯上演帽子戏法，而冈波斯梅开二度，国安送给了申花一个苦涩的9：1。赛季末，三杆洋枪合力为国安打进21球，冈波斯还成为中国足坛的首位外籍足球先生。不过1998赛季，三杆洋枪总共只打进17球，赛季末告别，留下了一段经典。

四川全兴经典回忆——黎兵、马麦罗、马明宇、魏群、邹侑根、姚夏

时至今日，四川全兴依然是四川球迷最怀念的一支队伍，当年经典的黄色风暴、保卫成都，还有全兴球迷津津乐道的“嫁人就嫁魏大侠，生儿当生小姚夏”，都在唤醒着那段全兴记忆。1997年兵马入川，全兴阵容达到鼎盛，“黑蝴蝶”马麦罗、“山哥”黎兵、“马儿”马明宇、“灵猫”邹侑根、魏大侠魏群、小姚夏，他们是全兴球迷心中最美好的回忆。回想起那段激情燃烧的岁月，再看如今那荒凉的川足，让人叹息。

申江四小龙——申思、谢晖、吴承瑛、朱琪

在甲A初期，上海申花有4位20岁上下的年轻球员，一同征战国奥队，也入选国家队。他们共同为申花效力了甲A的前6个赛季，帮助申花夺得一次甲A冠军并5次进入前三，还夺得一座足协杯冠军。这4个球员就是申思、谢晖、吴承瑛、朱琪，他们都是上海人，被称为“申江四小龙”，也是申花职业化初期的历史见证。被误传为四小龙的祁宏曾打趣道：“我比他们小一拨，是小两个年龄段的。他们是申江四小龙，我当时是排不进的，而我呢只能称为小小龙了。”

辽小虎金玉圣——李金羽、张玉宁、曲圣卿

1998年，王洪礼带领辽小虎以甲B亚军身份冲上甲A，还历史性杀进足协杯决赛获得亚军，在中国足坛刮起了“辽小虎”的青春风暴。1999年，辽小虎在甲A赛场更是创造惊喜，只是在最后一轮遗憾地错失冠军。辽小虎的“金玉圣”组合让人眼前一亮，24岁的曲圣卿打进17球，包揽金靴和中国足球先生，22岁的玉面杀手张玉宁打进8球，22岁的李金羽打进8球，“金玉圣”组合联手打进了33球。后来曲圣卿和张玉宁去了申花，李金羽去了鲁能，辽小虎的青春“金玉圣”成为历史。

重庆三杆洋枪——马克、米伦、比坎尼奇

2000年，“铁帅”李章洙率领重庆隆鑫（现重庆力帆）夺得了足协杯冠军，并连续两个赛季排名甲A第四，当选年度最佳教练。当时重庆队中的三杆洋枪战功赫赫，射术精湛的马克打进13球排名射手榜第二，比坎尼奇打进12球并列第四，米伦甲A8球足协杯7球双线爆发。三杆洋枪甲A赛场合力打进33球，足协杯决赛次回合，马克米伦各入两球助球队4：1逆转国安更是经典之作。尽管只合作一个赛季，但重庆三杆洋枪为球队带来了成绩的巅峰。

山东鲁能宿卡组合——宿茂臻、卡西亚诺

1999赛季，山东鲁能连夺甲A和足协杯冠军，成为中国足球职业联赛的第一支双冠王。2000年，卡西亚诺从国安加盟鲁能，桑尼拥有了一把锋线利剑，“宿卡组合”无往不利，联手在甲A打进22球，卡西亚诺打进15球更是成为中国职业联赛首位外籍金靴，卫冕冠军最终排名第五。但2001赛季两人状态下滑，均只打进5球。2002赛季中段卡西亚诺离开，赛季末宿茂臻退役，宿卡组合终成历史。

国足郝杨锋线——郝海东、杨晨

2002年，中国男足终于历史性踏上世界杯舞台。当时国足拥有迄今为止最强大的锋线组合，亚洲顶级中锋郝海东搭档中国五大联赛第一人杨晨，他们作为首发搭档完成了国足世界杯首秀。第三场迎战土耳其，郝杨继续搭档，第28分钟，肇俊哲中圈长传，郝海东突破后传中，杨晨离门10米处右脚外脚背凌空垫射，球打在左门柱上，杨晨遗憾地双手合十，郝杨险些联手创造中国足球的历史。

山东鲁能本土三叉戟——郑智、李金羽、韩鹏

2006年的山东鲁能创造了提前6轮夺冠的神话，郑智、李金羽、韩鹏无坚不摧，是中国职业化有史以来最强大的本土攻击三叉戟。李金羽打进26球收获金靴，郑智打进21球收获银靴，韩鹏也打进10球，3人合力打进57球，这至今都是中超队内前三射手进球总和的纪录，甚至连外援都不曾超越。甚至中国职业联赛至今，其他没有任何一个赛季射手榜本土前三名加起来能超过50球。随着2007年郑智留洋，鲁能本土三叉戟也终成辉煌的历史。

长春亚泰震栋双核——杜震宇、王栋

2007赛季，厦门蓝狮主帅高洪波执掌起了中超二年级球队长春亚泰的教鞭，他打造了杜震宇、王栋组成的“震栋”双核，卡巴列罗领衔防线，埃尔维斯与达扎基锋线组合，亚泰最终夺得中超首冠，上演黑马奇迹。杜震宇和王栋都是亚泰培养的孩子，随队从甲B一直杀到中超。2012年夏天，杜震宇离开，2013年夏天，王栋离开。震栋双核告别后，亚泰也告别顶级强队序列，如今只能苦苦保级。

辽宁宏运双子星——杨旭、于汉超

2011赛季，辽宁宏运大爆发，获得了第三名的中超队史最佳战绩，队中的本土双子星功不可没，于汉超打进12球成为本土射手王，杨旭也打进9球，两人排在队内射手榜前两位，也是本土射手榜前三位，在洋枪纵横的中超实属不易。杨旭和于汉超都是辽宁大连人，出自著名的大连东北路小学，是土生土长的辽足孩子。但是2012赛季后，双子星各奔东西，辽足也陷入了年年保级的艰苦岁月。

虹口金蓝锋线——德罗巴、阿内尔卡

2012赛季，中超联赛掀起大牌风暴，阿内尔卡等巨星加盟中超，而最巅峰的重磅转会还在后面。7月14日，刚刚为切尔西夺得欧冠的魔兽德罗巴亮相虹口，引发了中超赛场的魔兽风暴，曾经的切尔西组合相聚上海申花，所到之处无不引发球迷热潮。德罗巴11场打进8球，后与申花发生了薪水矛盾。阿内尔卡与蒂加纳互相炮轰，他也只打进3球。2012赛季后，这对中超史上最大牌的锋线纷纷离开，返回欧洲，留下的只有混乱的债务纠纷。

江苏舜天黄金双枪——达纳拉赫、耶夫蒂奇

2012赛季，反倒是这对名气不大的摩托CP创造惊喜。2011赛季中段创舜天队史纪录加盟的耶夫蒂奇与达纳拉赫组成了舜天黄金双枪，两人合力打进24球，助舜天获得第四名的中超最佳战绩。2012赛季，德拉甘率领江苏舜天异军突起，最后夺得亚军刷新历史最佳战绩，达纳拉赫打进23球荣膺金靴，耶夫蒂奇6球5助攻。但是2013赛季，达纳拉赫受伤，舜天惊险保级，赛季末双枪分道扬镳，结束了短暂而美好的合作。

广州恒大南美三叉戟——孔卡、穆里奇、埃尔克森

2013年，巴西射手埃尔克森加盟恒大，银狐里皮拥有了“孔卡+穆里奇+埃尔克森”的攻击三叉戟。这是中国职业化历史上最成功的进攻组合，在一个赛季里，三叉戟为恒大实现中超三连冠，更为中国足球带来了第一个亚冠冠军。埃尔克森获得中超金靴，孔卡当选中国足球先生，穆里奇包揽亚冠金靴和最佳球员，三叉戟年底还为恒大打进世俱杯四强。尽管2014年中段穆里奇离开，但是合作仅一个完整赛季的恒大南美三叉戟，永远是中国足球职业化最闪亮的星团之一。

足坛十大遗憾失冠

冠军是所有球员为之奋斗的目标，也是所有球迷梦寐以求的荣耀。要想拿到冠军，需要实力，但也需要运气。有些球队曾经与冠军无限接近，却又擦肩而过，如今远在天涯，只叹造化弄人。昔日一别，何日重来！足坛十大遗憾失冠，回首那些悲情的瞬间。

阿森纳

在欧洲十大豪门的传说中，阿森纳是一个另类的存在，因为其他9支球队（皇马巴萨、米兰双雄、拜仁尤文、红魔红军蓝军）都拿过欧冠冠军，只有阿森纳不曾夺得欧冠，甚至也仅仅只进入过一次决赛。2005—2006赛季，法国人教授温格与枪王亨利来到巴黎王子公园球场，迎战里杰卡尔德挂帅、小罗领衔的巴塞罗那“梦二队”。这支阿森纳的班底依然是不败赛季的框架，此前淘汰赛一球未失，极具冠军相。然而莱曼开场仅18分钟的红牌让阿森纳陷入被动，此后坎贝尔头球破门，亨利错失良机，10人作战的阿森纳最终没有挡住巴萨的反扑，第76分钟埃托奥扳平，第81分钟贝莱蒂绝杀。梦二队登基加冕，温格与金杯擦肩而过。

2016—2017赛季温格教授创造欧冠历史，他率领枪手连续19个赛季杀进欧冠，成为率领同一球队连续征战欧冠次数最多的教练。然而此前18次只有2次进入四

扫描观看

经典！足坛十大最美好回忆的战役

强1次进入决赛，最近6个赛季全部止步1/8决赛，阿森纳陷入尴尬的“梦八魔咒”。温格教授退休前还能拿到欧冠冠军吗？砸破八猪罐紧闭医务室吧，否则还是循环！

利物浦

尽管利物浦拥有18座英格兰顶级联赛冠军，但是进入英超时代以后，他们即便拿了所有杯赛冠军，却始终与联赛冠军无缘。贝尼特斯时期的红军错失英超冠军后，利物浦在2013—2014赛季的罗杰斯时期迎来了最好的夺冠机会。那个赛季爵爷已退，曼联动荡，穆一期不稳，阿森纳后期崩盘，阿尔特塔和库蒂尼奥分别绝杀曼城，拥有苏亚雷斯、斯图里奇、斯特林、杰拉德的利物浦，冠军路上只剩分心欧冠的残阵切尔西。然而第36轮，杰拉德那次著名的滑倒，让利物浦将冠军优势拱手让给曼城，与水晶宫的3：3让苏神泪流，利物浦与英超冠军就这样以极其戏剧性的方式告别。

勒沃库森

在没有夺得过德甲冠军的球队中，勒沃库森是亚军数第二多的，他们在最近20年里拿到了5次亚军，被称为“千年老二”。1996—1997赛季，药厂与拜仁缠斗到倒数第二轮，却0：4大败给科隆告别争冠。1999—2000赛季药厂以3分优势进入收官战，只要战平无欲无求的翁特哈兴即可夺冠，然而巴拉克自摆乌龙，奥贝赖特纳头球制胜，药厂功败垂成，拜仁以净胜球优势反超夺冠。2001—2002赛季，他们31轮战罢还领先多特5分，但紧接着连败给不莱梅和纽伦堡，将冠军拱手相让，当赛季成为三亚王。

勒沃库森绰号药厂，可他们却无法生产后悔药，一次次地与冠军擦肩而过几乎成为梦魇。如今的德甲已经是拜仁、多特的天下，药厂依然具备欧冠实力，但是要想夺冠，恐怕难上加难了。

瓦伦西亚

世纪之交的那支瓦伦西亚队众星云集，库珀那支经典的蝙蝠军团拥有卡尼萨雷斯、艾马尔、久基奇、门迭塔、克劳迪奥·洛佩兹、阿亚拉、巴拉哈等名将，他们不仅在西甲赛场拥有强大的竞争力，更是在欧洲赛场威风八面，1999—2000赛季，瓦伦西亚与皇家马德里会师欧冠决赛，尽管他们0：3落败，但蝙蝠军团在场上的表现并没有比分表现得那么糟糕。一年后，瓦伦西亚再次杀进决赛，但是面对欧冠老油条拜仁慕尼黑，他们在一场号称“点球决赛”的大战中倒在了12码，卡恩安慰跪地哭泣的卡尼萨雷斯，也成为了欧冠赛场的经典一幕。

那是蝙蝠军团最好的时代。此后贝尼特斯又率队两夺西甲冠军，而且拿到了联盟杯冠军。可惜对于欧冠冠军，蝙蝠军团却再难发起冲击，此后的蝙蝠军团身体不断被掏空，一步步远离西甲争冠集团，更何况欧冠冠军。只叹那只蝙蝠在征服欧洲的路上，遇到了欧洲巨人。

中国男足

世纪之初的那支国足不一定是史上最强的，但一定是战绩最佳的。2001年闯进世界杯，实现百年梦想。2004年征战本土亚洲杯，国足拥有郝海东、大李明、孙继海、李玮峰、肇俊哲、邵佳一等名将以及郑智、孙祥、李金羽、李毅等日后的骨干，本土作战，又先后淘汰伊拉克和伊朗，气势如虹。亚洲杯决赛面对日本，福西崇史先入一球，李明很快扳平比分。然而第70分钟，中田浩二在工体的“地狱之手”打进超出进球，这一明显的犯规进球让国足有些慌乱，李毅错失良机，玉田圭司反击得手，国足功败垂成。赛后国足主帅阿里汉拒绝领奖，国足遗憾地在本土失去冠军。

此后的国足开始一步步走向下坡，连续两届亚洲杯小组出局，连续三次世预赛无缘十强赛。2015年亚洲杯，国足八强的战绩已经令国人欣喜，我们依然在为亚洲二流努力着，那么距离夺得亚洲杯冠军还有多远呢？

沙尔克04

在没有夺得过德甲冠军的球队中，沙尔克04的6次亚军是最多的。1971—1972和1976—1977赛季的亚军太过遥远，2004—2005和2009—2010的亚军也都落后拜仁太多。2006—2007赛季，沙尔克非常接近联赛冠军，他们一度领先斯图加特7分，但在倒数第二轮客场0：2负于死敌多特蒙德后，斯图加特反超2分，最终夺取沙拉盘。

沙尔克最遗憾的亚军当属2000—2001赛季，那次著名的“四分钟冠军”。2000—2001赛季德甲收官战前，拜仁62分居榜首，沙尔克04积59分居次席，但净胜球沙尔克28对25胜出。如果收官战拜仁客场输给汉堡，沙尔克主场拿下翁特哈兴，那沙尔克将逆转夺冠。沙尔克在落后两球的情况下5：3逆转翁特哈兴，而拜仁竟然在第90分钟丢球了！百里之外的盖尔森基兴沸腾了，比赛提前结束的沙尔克球迷开始庆祝冠军。然而最后一分钟，安德森罚进禁区内重炮任意球，拜仁从地狱回到天堂！突闻噩耗的沙尔克球迷泣不成声，他们只当了四分钟的冠军！如今的沙尔克04依然无缘德甲冠军，他们更多的时间在为欧冠资格奋斗。德甲冠军？太遥远了。

中国女足

20世纪末的中国女足是最好的中国女足，我们拥有孙雯、刘爱玲、王丽萍、温丽蓉、高红等明星球员，完成了亚洲杯7连冠，更是在1996年亚特兰大奥运会上获得银牌。1999年女足世界杯，中国女足在决赛点球惜败美国女足，加时赛范运杰制造的门线悬案，点球大战中美国门将的超范围移动扑出刘英点球，都增添了中国女足的悲情色彩。尽管与世界之巅一步之遥，但是她们被很多人视为心中的冠军，女足赛场的无冕之王。

遗憾的是，在2003年世界杯无缘四强后，孙雯等黄金一代先后退役，中国女足开始进入低谷。2004年奥运会耻辱出局，2007年世界杯和2008年奥运会止步八强，无缘2011年世界杯和2012年奥运会，重返2015年世界杯和2016年奥运会后都在1/4决赛负于最后的冠军。中国女足还在艰难的复兴中，我们正在努力重返亚洲最强和世界一流，只是夺得世界冠军，还要等上更久。

南斯拉夫

前南斯拉夫球星比尼奇曾经说过："真正的悲剧是，我们自己都不知道我们本可以有多强。"巴西世界杯时波黑主帅苏西奇曾感叹："如果不是战争，南斯拉夫队也许就会在某一天夺取世界杯冠军。"与我们提到的其他几支球队不同的是，南斯拉夫永远不可能夺得世界杯或欧洲杯了，因为他们已经解体。南斯拉夫曾拥有达沃·苏克、普罗辛内茨基、博班、米哈伊洛维奇、萨维切维奇、潘采夫、斯托伊科维奇等一代名将，却在炮火中分崩离析。

南斯拉夫在世界杯上最好的成绩是1962年的四强，欧洲杯上则两次杀进决赛。1960年首届欧洲杯决赛，南斯拉夫率先进球，但最终在第113分钟被苏联绝杀。1968年欧洲杯决赛他们再度率先进球，但第80分钟被意大利快发任意球得手，重赛中0：2失利。如今的前南足球，只剩追忆与叹息，曾经未尽的梦想，永远埋藏在战火与记忆中。

荷兰

无冕之王荷兰队是足坛悲情的代名词，他们曾3次杀进世界杯决赛，却3次屈居亚军。20世纪70年代，美丽的全攻全守足球在世界足坛掀起了橙色风暴，他们征服了世界球迷，却无法征服世界冠军，橙衣军团接连在1974年和1978年世界杯上负于东道主西德和阿根廷。2010年南非世界杯，斯内德、罗本领衔的橙衣军团第三次杀进世界杯决赛，可他们又输给了第一次杀进决赛的西班牙队。1998年和2014年的荷兰队都具有冠军相，但是在半决赛的12码，他们败给南美双雄。

1974年克鲁伊夫的橙色背影，1978年伦森布林克的一柱之隔，2010年世界杯罗本的单刀之憾，荷兰人总是与大力神杯擦肩而过。如今的荷兰足球遭遇人才严重断层，范佩西、斯内德、罗本老矣，新一代球员难以继位，荷兰无缘2016年欧洲杯，能否杀进2018年世界杯还是个疑问。荷兰足球要想捧起梦寐以求的大力神杯，首先要见到光明的下一代。

匈牙利

20世纪50年代的匈牙利号称无敌战舰，横扫天下，他们拥有普斯卡什、柯奇士、希代古提、齐博尔等王牌巨星，1950—1956年之间43胜7平仅1负，一度33连胜，而那唯一一场失利，就是著名的伯尔尼奇迹。在1954年瑞士伯尔尼万克多夫体育场的世界杯决赛，匈牙利面对两周前曾被自己8：3完虐的西德队，匈牙利很快取得两球领先，但西德人迅速扳平比分。此后匈牙利队的射门接连命中门框和门柱，西德门将接连救险，大雨竟让门前的泥潭阻挡了匈牙利的必进球，最后时刻拉恩绝杀，匈牙利惨遭逆转，他们成为德国人创造奇迹的背景。

匈牙利与世界冠军的这次错失成为永恒之憾。国家政变在此后改变了一切，1956年的十月政变后，柯奇士、普斯卡什等球员开始流亡国外，匈牙利足球开始衰弱。他们自1986年后再未晋身世界杯决赛圈，2016年的欧洲杯是他们时隔44年后的再次征战。曾经，匈牙利人距离世界杯冠军咫尺之遥，可如今又有谁还会相信，匈牙利未来还能夺得世界杯冠军呢？

世界足坛经典组合

璀璨的星海，梦幻的星河，漫长的足坛历史，诞生过太多经典的组合。他们或成功，或悲情，演绎着美轮美奂的足球艺术。

1992年欧冠改制前

匈牙利梦幻传说——普斯卡什、柯奇士、希代古提

20世纪50年代的匈牙利号称无敌战舰，他们留下了伯尔尼的永恒之憾，也留下了一个梦幻的传说，“飞奔的少校”普斯卡什国家队84场进83球，拥有最会进球的左脚。“金头”柯奇士被誉为足球史上最会头球的空霸，1954年世界杯独进11球，国家队68场进75球。希代古提曾被UEFA官方杂志《CHAMPIONS》评选为改变足球历史的19人之一，被视为足球史上最早的前腰。三人在瑞士世界杯上合力打进19球，无奈1956年匈牙利爆发十月政变，普斯卡什、柯奇士等人流亡国外，希代古提独力难支，匈牙利足球从此走向衰弱。

皇马无敌王炸——普斯卡什、迪斯蒂法诺

普斯卡什+迪斯蒂法诺，这恐怕是足球史上最恐怖的锋线组合。20世纪50年代，皇马的这对王炸组合，与亨托、科帕等人成就了最伟大的一支皇马。最经典的是1959—1960赛季的欧冠决赛，皇马7：3击败法兰克福，普斯卡什打进4球，“金箭头”迪斯蒂法诺上演帽子戏法。如果想看梅西、C罗同队联手会有怎样的威力，那么普斯卡什与迪斯蒂法诺的联手会告诉你答案。

法国前场三叉戟——方丹、科帕、皮安托尼

20世纪50年代，方丹、科帕、皮安托尼的法国前场三叉戟震慑欧洲，联手帮助法国队夺得1958年世界杯季军。世界杯传说级射手方丹在那届世界杯打进13球，创造了无法被后人企及的纪录。1958年金球奖得主科帕是一代盘球大师，曾帮助皇马三夺欧冠冠军。皮安托尼司职中锋，曾在1958年世界杯打进3球。三人曾在兰斯共事三个赛季，帮助球队两夺全国冠军，并于1959—1960赛季合入60球。

瑞典“格利诺”组合——格伦、利德霍尔姆、诺达尔

20世纪50年代初，AC米兰组建了瑞典“格利诺”组合，三人在1950—1951赛季打进56球，助米兰夺得意甲冠军，赛季107球也让那支米兰队成为迄今最后一支意甲百球冠军。技术细腻的“老教授”格伦，伟大的外籍队长利德霍尔姆，五夺意甲金靴的米兰历史第一射手诺达尔，共同见证了米兰一个辉煌的时代。可惜诺达尔被瑞典足协禁止参加世界杯，格伦和利德霍尔姆领衔的瑞典最终在1958年本土世界杯决赛中败给了五位帝王领衔的巴西。

巴西帝国五王——贝利、加林查、扎加洛、迪迪、瓦瓦

足球王国巴西队经历了1950年世界杯家门口的悲痛后，在1958年终圆冠军梦，随后又夺得1962年和1970年世界杯冠军，成就王国伟业。巴西队在1958年世界杯排出了经典的424阵形，除了少年球王贝利，他们还有边路魔王“小鸟”加林查、锋线犀利杀手瓦瓦、中场组织核心迪迪、战术大师扎加洛，5人合力打进13球助巴西夺冠。1962年世界杯，除了贝利伤缺，其他四人再次在世界杯决赛首发，帮助巴西卫冕。在足球王国巴西，贝利、加林查、扎加洛、迪迪、瓦瓦就是开疆拓土的五位帝王。

曼联神圣三位一体——博比·查尔顿、乔治·贝斯特、丹尼斯·劳

1968年5月29日，曼联在慕尼黑空难十年后终夺欧洲冠军杯。为纪念和表

彰三圣的伟大功绩，2008年5月29日，曼联在老特拉福球场外竖立起一座“三位一体”的雕像。1964年金球奖得主苏格兰球员丹尼斯·劳、1966年金球奖得主英格兰球员博比·查尔顿、1968年金球奖得主北爱尔兰球员乔治·贝斯特，金球三人组联手效力曼联十大赛季，象征着曼联伟大的历史，是最金光闪耀的金球组合。

利物浦三重唱——阿兰汉森、索内斯、达格利什

鲍勃·派斯利是利物浦史上最伟大的主帅之一，他缔造了20世纪70年代末80年代初那支辉煌的红军。派斯利帐下有三个神奇的苏格兰人，他们在1977—1978赛季来到利物浦，并在此后共事7个赛季，帮助利物浦拿到了多达14个冠军，其中包括3个冠军杯冠军。后防核心阿兰·汉森坐镇中卫指挥若定，“会拉小提琴的野兽”索内斯坐镇中场统领全局，“利物浦国王”肯尼·达格利什冲锋陷阵进球如麻。利物浦三重唱，演奏了红军最辉煌的乐章。

巴西艺术三圣——济科、法尔考、苏格拉底

1982年世界杯的巴西队，被誉为史上最华丽的巴西队，也是史上最遗憾的巴西队。桑巴军团经历了20世纪70年代的低谷后，在80年代拥有了三位艺术大师，“白贝利”济科、“罗马国王”法尔考、“足球博士”苏格拉底，可惜这支梦幻的巴西队却最终被金童罗西挡在了1982年世界杯四强门外。1986年世界杯1/4决赛，苏格拉底首发，法尔考没有登场，济科替补登场射失点球，苏格拉底点球大战射失点球，巴西队输给了同样拥有三位中场天才的法国队。

法国铁三角——普拉蒂尼、吉雷瑟、蒂加纳

20世纪80年代，法国足球拥有三位中场天才，他们是法国足球步入世界足坛顶级行列的灵魂支柱。三夺金球奖的普拉蒂尼是那个时代的欧洲王者，他用5场9球的数据帮助法国夺得1984年欧洲杯冠军，小个子中场吉雷瑟具备超强的中场组织才能，他们身后还有果断勇猛的阻截高手蒂加纳。法国铁三角除了夺

取1984年欧洲杯冠军，还在1982年和1986年两次杀进世界杯四强，可惜两次在半决赛负于西德。

皇马五鹰——布特拉格诺、帕德萨、M.巴斯克斯、桑奇斯、M.冈萨雷斯

皇马五鹰是20世纪80年代伯纳乌的骄傲，被誉为“皇马皇冠上的五颗珍珠”。他们帮助皇马在80年代后期实现了中兴，在1986—1990年，荷兰人本哈克率领五鹰连续5个赛季夺得西甲冠军，实现了皇马历史上第二次联赛五连冠，直到90年代初被另一个荷兰人克鲁伊夫率领的巴萨梦之队终结。皇马五鹰风华正茂，风光无限，为马德里的白色注入了新的灵魂。

那不勒斯“魔术”马吉卡——马拉多纳、乔尔达诺、卡雷卡

“球王”马拉多纳是那不勒斯的国王，他能在这里创造辉煌，离不开身边那些优秀的搭档，卡雷卡和乔尔达诺就是他的最佳搭档。意大利语中“魔术”（Magica）一词，正是由马拉多纳、乔尔达诺和卡雷卡三人名字的前两个字母组成。他们的组合可以被称为“魔术马吉卡组合”，20世纪80年代后期的那不勒斯抗拒北方三强，两夺意甲冠军，并夺得联盟杯冠军，成就了一段光辉岁月。

荷兰三剑客——古利特、范巴斯滕、里杰卡尔德

1988年5月，里杰卡尔德加盟AC米兰，萨基正式在米兰组建了荷兰三剑客，这一年夏天，三剑客为荷兰夺得欧洲杯冠军，声名显赫。拥有荷兰三剑客的AC米兰开创了又一个辉煌盛世，1988—1992之间，荷兰三剑客在4个赛季里为米兰赢得了2个欧冠冠军、2个丰田杯冠军、2个欧洲超级杯冠军、1个意甲冠军和2个意大利超级杯冠军。在与国米的德国三驾马车对抗中，三剑客在俱乐部荣誉上取得完胜。但是在1990年世界杯的交锋中，荷兰三剑客却输给了德国三驾马车。

德国三驾马车——布雷默、马特乌斯、克林斯曼

20世纪80年代末，意大利名帅特拉帕托尼在国际米兰组建了德国三驾马

车，对抗红黑色的荷兰三剑客。“钢铁坦克”布雷默、“永动机”马特乌斯、“金色轰炸机”克林斯曼三人在1989年聚首国米，他们帮助德国队夺得1990年世界杯冠军，帮助国米夺得1991年联盟杯冠军。德国三驾马车、荷兰三剑客、那不勒斯马吉卡，共同打造了群星闪耀的意甲盛世，还有在此期间创造奇迹的水手桑普双子星。

阿根廷王风CP——马拉多纳、卡尼吉亚

他们是世纪足坛最著名的一对好基友，一个是一代球王，一个是风之子，1990年世界杯1/8决赛马拉多纳助攻卡尼吉亚绝杀巴西的一球，被誉为世纪助攻。此外，两人还曾在博卡留下了长达6分钟的世纪之吻，永载史册。

桑普进球双子星——曼奇尼、维亚利

水手桑普历史上曾6次夺得意大利国内冠军、3次杀进欧战决赛，全部发生在1984—1994这10年间，这是桑普历史上最辉煌的岁月，他们在1989—1990赛季夺得欧洲优胜者杯冠军，1990—1991赛季夺得队史唯一一座意甲冠军奖杯，1991—1992赛季杀进欧冠决赛屈居亚军，锋线上曼奇尼和维亚利这对桑普的进球双子星，共同缔造了这段水手岁月。

巴尔干三个火枪手——潘采夫、萨维切维奇、普罗辛内斯基

1990—1991赛季，贝尔格莱德红星队在法国的圣尼古拉球场战胜法国球队马赛，夺得欧冠冠军，当时他们阵中拥有声名显赫的巴尔干三个火枪手——潘采夫、萨维切维奇、普罗辛内斯基。然而政局混乱内战爆发，三个火枪手后来分道扬镳。潘采夫去了国米，如今已属于马其顿；萨维切维奇去了米兰，如今已属于黑山；普罗辛内斯基去了皇马，如今已属于克罗地亚。三个火枪手的故事，只能在炮火中成为美好的回忆。

1992年欧冠改制至2006年世界杯

米兰传奇四闸——塔索蒂、科斯塔库塔、巴雷西、马尔蒂尼

1992年欧冠改制后，米兰连续三次杀进欧冠决赛，并在1994年夺得欧冠冠军。国内赛场，卡佩罗的球队也创造了58场不败的神话。当时范巴斯滕的重伤让荷兰三剑客遭受重创，米兰的后防线成为他们的基石，那条由塔索蒂、科斯塔库塔、巴雷西、马尔蒂尼组成的后防线甚至被认为是足球史上的最佳防线，他们都是米兰的传奇。左后卫马尔蒂尼效力米兰24个赛季，中后卫科斯塔库塔效力米兰21个赛季，清道夫巴雷西效力米兰20个赛季，右后卫塔索蒂效力米兰17个赛季，传奇四闸都在米兰退役，如此梦幻的防线世间罕见。

曼联92班—— 吉格斯、斯科尔斯、贝克汉姆、加里·内维尔、菲尔·内维尔、巴特

这是一段美好的故事，属于弗格森的孩子们，他们没有一起在曼联退役，却在曼联一起开始了精彩的职业生涯。1992年，曼联在青年足总杯上夺冠，奠定92黄金一代的班底。1995—1996赛季，失去休斯、因斯、坎切尔斯基的曼联以92班少年为班底，面对阿兰汉森“You can’t win anything with kids（靠一帮孩子，你什么也赢不了）”的质疑，为曼联夺得了英超和足总杯双冠王，从此扬名天下，成为弗爵爷红色帝国上最璀璨的明珠。

巴萨梦一队三大王牌——罗马里奥、大劳德鲁普、斯托伊科维奇

1993—1994赛季，巴萨前场拥有三大王牌，罗马里奥、大劳德鲁普、斯托伊科维奇如日中天，帮助巴萨实现联赛四连冠，并杀入欧冠决赛，最终意外遭到米兰4：0横扫。那一年，罗马里奥获得世界杯金球和世界足球先生，斯托伊科维奇获得金球奖和世界杯金靴。

尤文图斯白黑光三叉戟——拉瓦内利、皮耶罗、维亚利

1995—1996赛季，里皮治下的尤文图斯称霸欧洲，取代巴乔的“金童”皮耶罗和光头维亚利、白头翁拉瓦内利组成了无坚不摧的三叉戟。这个三叉戟从外形看来有些不搭调，黑发、光头、白发的组合甚至给人一种祖孙三代的既视感，然而他们确实极具默契，帮助尤文在1995—1996赛季夺得了欧冠冠军。赛季结束后，维亚利和拉瓦内利告别，皮耶罗先后迎来维耶里、因扎吉等搭档，尤文也在1997年和1998年两次杀进欧冠决赛，但都没能再夺冠军。

米兰90年代三叉戟——乔治·维阿、罗伯特·巴乔、萨维切维奇

1995年夏天，巴乔和维阿加盟米兰，与萨维切维奇组成了火力威猛的三叉戟，当时米兰已经连续三个赛季杀进欧冠决赛并夺得1994年的冠军，正值巅峰盛世，维阿则被视为巴斯滕后米兰的又一位超级射手，他也夺得了1995年的金球奖并当选世界足球先生。三叉戟为米兰夺得了1995—1996赛季的意甲冠军，随着1996—1997赛季卡佩罗离开，米兰仅排名意甲第11，赛季末巴乔离开，三叉戟结束合作。

法国世纪防线——图拉姆、布兰科、德塞利、利扎拉祖

世纪之交的法国足球达到了前所未有的高峰，他们连续夺得了1998年世界杯冠军、2000年欧洲杯冠军、2001年联合会杯冠军、2003年联合会杯冠军，图拉姆+布兰科+德塞利+利扎拉祖的后防线被视为足坛史上最顶级的后防。他们是法国登上巅峰的后防基石，其中也留下了布兰科金球绝杀巴拉圭、图拉姆两球逆转格子军的经典。

斯图加特三驾马车——埃尔伯、巴拉科夫、博比奇

在21世纪斯图加特小虎队和冠军队之前，他们在20世纪末组建了名噪一时的斯图加特三驾马车，也有人称之为魔幻三角，巴西前锋埃尔伯、德国前锋博比奇、保加利亚中场巴拉科夫在1995年组建，巴拉科夫担任中前场指挥官，博

比奇冲击力强、头球出色，埃尔伯技术出众、把握机会能力强。1995—1996赛季，三人联手打进40个德甲进球，博比奇获得金靴。1996—1997赛季，三人又打进46个德甲进球，斯图加特收获德国杯冠军。虽只合作了两个赛季，但斯图加特三驾马车永远是德甲的一段佳话。

阿森纳后防五老——李·迪克逊、马丁·基翁、托尼·亚当斯、尼格尔·温特伯恩、史蒂夫·博尔德

20世纪末期的阿森纳凶悍硬朗，不管是格拉汉姆时代，还是温格时代，他们都拥有一条稳固强硬的后防线。“兵工厂先生”托尼·亚当斯是阿森纳传奇队长，在这里效力19个赛季，36岁在枪手退役。中卫马丁·基翁效力14个赛季，38岁离开枪手。左后卫温特伯恩效力13个赛季，37岁离开枪手。右后卫李·迪克逊效力14个赛季，38岁在枪手退役。中卫史蒂夫·博尔德效力11个赛季，37岁离开枪手。五老离开阿森纳时都超过35岁，效力都超过10个赛季，最后共事的1998—1999赛季，五老也都超过了33岁。他们是阿森纳一个时代的象征。

巴西罗罗组合——罗马里奥、罗纳尔多

在巴西足球的璀璨历史中，曾经有一段属于罗纳尔多和罗马里奥。一位是孤独的冷血杀手，一位是外星的得分机器，两个年龄相差10岁的锋线巨星奇妙地联合在一起，可惜双剑合璧却从未为巴西队冲击过大力神杯。1994年世界杯，罗马里奥不可一世，罗纳尔多初出茅庐。1998年世界杯，罗纳尔多王者无敌，罗马里奥因伤错过。幸运的是1997年，世人见证了罗罗组合共同征战联合会杯和四国邀请赛，见证两个超级前锋的联袂演出，也算是命运的恩赐。

巴西双卡——卡福、卡洛斯

没有悬念，这是世界足球史上最强的边后卫组合，巴西双卡为桑巴军团征战了三届世界杯，并且收获一冠一亚。卡洛斯是足球史上进攻能力最强的边后卫，随皇马三夺欧冠。卡福是唯一一个连续参加三届世界杯决赛的球员，也随

米兰夺过欧冠。双卡可以完成边后卫—边前卫—边锋的快速切换，这也让3R和四重奏尽情地在中路施展才华。

国米游幻三巨星——巴乔、罗纳尔多、维耶里

1999年夏天，900亿先生维耶里加盟国米，莫拉蒂终于实现了梦寐以求的维埃里、巴乔、罗纳尔多的三人组合，外星人+重型坦克+艺术天才，多么梦幻的攻击组合，何况那支国米前场还有“中国男孩”雷科巴和“恐怖伊万”萨莫拉诺。然而结局却是遗憾的，罗纳尔多和维耶里伤病不断，很少同时登场，巴乔和里皮之间则有着不可调和的矛盾。也许这样的组合太不真实，无法承载于人间，伤病和矛盾，让这样的组合只能融合在游戏的幻想中。

法国山风双子星——亨利、特雷泽盖

出生于1977年8月的亨利和1977年10月的特雷泽盖，是法国队历史最辉煌时代崭露的双子星，他们有幸随法国连夺世界杯和欧洲杯冠军，也成为日后法国队的主力前锋。两人都在摩纳哥成名，在1998年世界杯登上世界舞台，后来亨利去了阿森纳，在那里成为阿森纳历史第一射手。特雷泽盖去了尤文，在那里成为尤文历史第一外籍射手。2014年12月，亨利退役，2015年1月，特雷泽盖退役。天下足球《典型中锋》解说词中这么说：“故事里，曾经，他们一个如风，一个如山，也许没有了风的陪伴，高山也会觉得孤单。”

智利双萨——萨莫拉诺、萨拉斯

1998年世界杯，萨莫拉诺和萨拉斯组成了智利锋线的双萨组合，二人帮助智利队杀进16强，24岁的萨拉斯打进4球，31岁的萨莫拉诺也打满全部比赛，智利双萨也成为1998年世界杯上的一个经典。值得一提的是，在之前的世预赛南美区，萨莫拉诺打进10球，萨拉斯11球，双萨21球的数据震撼南美。萨拉斯共为智利队打进37球，萨莫拉诺打进34球，二人也长期占据智利国家队历史射手榜的前两位。

黑风双煞——德怀特·约克、安迪·科尔

1998—1999赛季，曼联成就了辉煌的三冠王霸业，锋线上的德怀特·约克和安迪·科尔在锋线上席卷起黑色旋风，成就了“黑风双煞”的佳话，辅以板凳奇兵谢林汉姆、索尔斯克亚，还有92班骨干，弗爵爷的红色帝国登峰造极。黑风双煞在曼联合作三个半赛季，是世纪之交的经典锋线搭档。二人最经典的比赛当属1998—1999赛季欧冠半决赛次回合，约克和科尔的破门帮助曼联逆转尤文杀入决赛并最终夺冠。

罗马三叉戟——托蒂、巴蒂、蒙特拉

当“蓝鹰”拉齐奥在1999—2000赛季夺得意甲冠军后，他们的同城死敌“红狼”罗马不甘示弱，在2000—2001赛季收获意甲冠军。当时卡佩罗执掌的罗马后场稳固，前场靠三叉戟冲锋陷阵，“战神”巴蒂打进20球终圆冠军梦，“小飞机”蒙特拉后程取代德尔维奇奥并打进13球，与巴蒂配合默契，他们身后还有“狼王”托蒂担任前腰。然而让人没想到的是，这竟是托蒂职业生涯第一座也是迄今最后一座意甲冠军奖杯。

巴西3R——罗纳尔多、里瓦尔多、罗纳尔迪尼奥

2002年韩日世界杯上的巴西队所向披靡，七战功成，成就五星传奇。阵容的3R组合成为世界杯历史上的经典，“精灵”小罗、“鬼才”里瓦尔多、“外星人”罗纳尔多，攻击三人组联手在韩日世界杯上打进了15球（罗纳尔多打进8球收获金靴，里瓦尔多打进5球，小罗打进2球）。3R组合至今仍未被视为世界杯史上最强三人组之一，在巴西队小组赛4：0击败中国队的比赛中，3R组合更是各进一球，也让中国球迷切身体会到了巴西3R的威力。

米兰四大10号——鲁伊·科斯塔、里瓦尔多、西多夫、皮尔洛

2002—2003赛季，时任米兰主帅安切洛蒂面临着幸福的烦恼，因为他手下拥有四大“10号球员”，也就是四位可以踢10号位的中场，古典10号鲁

伊·科斯塔、全能10号西多夫、优雅10号皮尔洛、杀手10号里瓦尔多。安切洛蒂将皮尔洛进行了开创性的大脑后置，即担任拖后组织核心，鲁伊·科斯塔身穿10号处于传统10号位，里瓦尔多可担任影子前锋，西多夫更多出现在中场左路。那支米兰队群星云集，他们也夺得了当赛季的欧冠冠军。

皇马劳莫CP——劳尔、莫伦特斯

劳尔和莫伦特斯，足坛又一对经典的好基友，他们共同为皇马赢得了10座冠军奖杯，包括3座欧冠，也共同为西班牙出战了3届大赛。然而巨星政策下的皇马在2003年做出了抛弃莫伦特斯的决定，劳莫CP劳燕分飞，莫伦特斯紧接着就在欧冠对皇马反戈一击，弑杀旧主。可惜一对好兄弟，无缘终老马德里。

米兰卡舍因——卡卡、舍瓦、因扎吉

不管这是不是那个时代最强的三叉戟，但一定是最帅的三叉戟，阳光俊朗的“上帝之子”卡卡、东欧美男“核弹头”舍甫琴科、意大利古典美男“超级皮波”因扎吉，他们在米兰共同效力4个赛季，夺得了2003—2004赛季的意甲冠军。可惜米兰当时5年3进欧冠决赛2夺冠，卡舍因每次只能凑够2人，分别是鲁舍因、卡舍克、西卡因。卡舍因不仅是米兰的攻击组合，更是米兰的偶像天团。

皇马银河七星——劳尔、卡洛斯、菲戈、齐达内、罗纳尔多、贝克汉姆、欧文

21世纪初，老佛爷在皇马施行“一年一巨星”政策，打造了一支经典星团。20世纪末效力于皇马的“指环王”劳尔、“重炮手”卡洛斯，2000年菲戈加盟，2001年齐达内加盟，2002年罗纳尔多加盟，2003年贝克汉姆加盟，2004年欧文加盟，银河战舰七星连珠，星耀世界。然而七星连珠的皇马并不是那时候最强的皇马，他们并未取得好的成绩。此后5年内，七大巨星先后离开，银河七星的盛况，永远成为世界足坛的经典回忆。

阿森纳不败四人组——亨利、博格坎普、永贝里、皮雷

2003—2004赛季，阿森纳不败夺冠，跨赛季49场不败，成就一支无敌之师。当时枪手中场中路坐镇着铁血队长维埃拉和隐形城墙吉尔伯托来防守，锋线上枪王亨利搭档冰王子博格坎普，二人是英超史上最强的锋线组合之一，边路还有经典边前腰、优雅刺客皮雷，经典边前卫、赤发鬼才永贝里，他们组成了史上最强阿森纳。

切尔西旋风双翼——罗本、达夫

2004年夏天罗本加盟切尔西，加上同时到来的魔力鸟、德罗巴，以及一年前加盟的达夫，切尔西完成了英超连冠并连夺足总杯和联赛杯，阵中达夫与罗本两翼齐飞，再加上中路轰炸城池的魔兽德罗巴，成为世界足坛经典边中结合的战术范本。魔力鸟的旋风双翼，横扫英伦，登上巅峰，金发达夫+黑发罗本，两翼席卷的蓝色旋风令人闻风丧胆。

意大利四星混凝土——格罗索、马特拉齐、卡纳瓦罗、赞布罗塔

2006年世界杯，意大利低调出战。小组赛前两场，内斯塔与卡纳瓦罗组成最帅中卫，扎卡尔多轮流与赞布罗塔和格罗索搭档。末战扎卡尔多被弃用，内斯塔第18分钟伤退，这意味着意大利最理想的“格罗索+内斯塔+卡纳瓦罗+赞布罗塔”的组合只合作了18分钟，随后马特拉齐替补登场，意大利神奇的四星混凝土开启冠军之路。1/8决赛，大马染红，格罗索造点。1/4决赛，赞布罗塔首开纪录。半决赛，格罗索绝杀。决赛，大马送点+进球+造红牌+进点球，格罗索罚进制胜点球。卡纳瓦罗获得赛事银球和年度金球，传奇性的四星混凝土防线常规时间只失一粒点球。

瑞典老中青三代——拉尔森、永贝里、伊布

2006年世界杯，瑞典队前场拥有老中青三代球员，当时34岁的巴萨前锋拉尔森、29岁的阿森纳中场永贝里和24岁的尤文前锋伊布组成了瑞典的前场攻

击群，拉尔森和伊布一老一少搭档锋线，永贝里坐镇中场，瑞典队最终杀进16强。然而此后拉尔森退出国家队，永贝里两年后也宣布退出，瑞典足球进入伊布时代，却无奈伊布独木难支，老中青三代搭配的瑞典，也是迄今最后一支杀入世界杯决赛圈的瑞典队。

巴西梦幻四重奏——罗纳尔多、阿德里亚诺、罗纳尔迪尼奥、卡卡

2006年世界杯，佩雷拉执掌的五星巴西前场拥有4位超级球星，“外星人”罗纳尔多、“梅阿查国王”阿德里亚诺、“足球精灵”罗纳尔迪尼奥、“上帝之子”卡卡，梦幻四重奏的奢华让人艳羡，巴西队也被视为最大的夺冠热门，可惜他们在1/4决赛负于齐祖领衔的法国队。如今的巴西队对比10年前，简直有天壤之别。梦幻的桑巴群星时代，不知何时再现。

德国猪波CP——施魏因斯泰格、波多尔斯基

2004年欧洲杯，不满20岁的小猪和波尔蒂出现在大名单，他们是德国足球黑暗时代的第一批希望之星。从2006年到2016年，猪波组合为德国出战6届大赛，全部杀进四强并夺得2014年世界杯冠军。2016年夏天，猪波先后告别国家队，德国足球告别了一个时代。猪波组合是德国足球从低谷到复兴的最好见证，从此江湖再无猪波CP。

西班牙V7T9——比利亚、托雷斯

2006年世界杯，V7T9是西班牙队的锋线搭档，他们联袂首发了3场比赛，并且分别打进3球。随后V7T9又帮助西班牙夺得了2008年欧洲杯冠军，比利亚伤缺决赛，托雷斯一剑封喉。2010年世界杯西班牙又夺冠，托雷斯受困伤病，比利亚打进5球。2012年欧洲杯西班牙再夺冠，比利亚伤缺，托雷斯意外收获金靴。2014年世界杯，V7T9已非主力，西班牙提前出局，末轮荣誉战两人联袂首发，各进一球，从此告别西班牙的大赛舞台。

2006年世界杯至今

国米帝王锋线——伊布拉希莫维奇、阿德里亚诺

2006年世界杯后，伊布加盟国米，蓝黑锋线上拥有了两位巨星，桀骜不驯的上帝伊布，唯我独尊的国王阿德，这对帝王组合开始暴虐意甲各大后防。遗憾的是，此时阿德开始走下坡路。幸运的是，下坡的阿德遇到了上升的伊布，两个足坛怪才有了短暂的搭档，两人帮助国米称霸意甲，后来阿德快速堕落，伊布则不可一世，辗转各家豪门。昔日的国米帝王组合，只留下游戏中的无解BUG。

尤文布拉德皮特——布冯、卡莫拉内西、内德维德、皮耶罗、特雷泽盖

2006年夏天，“电话门”事件爆发，尤文图斯被勒令降入乙级，卡纳瓦罗、埃莫森、伊布、维埃拉、赞布罗塔、图拉姆、穆图纷纷出走，尤文大半个主力框架塌陷。危难之际，布冯、卡莫拉内西、内德维德、皮耶罗、特雷泽盖等绝对主力宣布留队，随尤文征战意乙。“布拉德皮特”是尤文忠诚的象征，仅用一个赛季就帮助尤文重返意甲，保留了尤文的龙脉。

英格兰双德——杰拉德、兰帕德

利物浦队魂杰拉德，切尔西神灯兰帕德，三狮军团曾同时拥有两位足坛顶级中场。然而如何让双德实现共存却成为一大无解难题，不管他们身边是斯科尔斯、贝克汉姆、乔科尔、哈格里夫斯，还是巴里、米尔纳、帕克、巴克利，都无法使双德共存，直到2014年世界杯双德告别演出，他们也没能帮助英格兰杀进任何一届大赛的四强。

罗马双魂——托蒂、德罗西

罗马城有两个队长，一个是托蒂，一个是德罗西，他们是罗马城的象征，不论正副，皆是传奇。在罗马的队徽上，有一头狼养育着两个孩子，一个是托

蒂，一个是德罗西，托蒂已经出场700+，德罗西也已出场500+。15年来，托蒂和德罗西这罗马双魂，已成忠诚的典范，双队长的经典。

曼联三少——C罗、鲁尼、特维斯

2007—2008赛季，特维斯和曼联双子星C罗、鲁尼组成了威震八方的三叉戟，帮助曼联连夺英超和欧冠，尤其是欧冠决赛，22岁的鲁尼、23岁的C罗、24岁的特维斯展现了青春的能量。一个赛季后，曼联三少又帮助曼联获得欧冠亚军和英超冠军，随后C罗、特维斯离开。曾经的三位小将，如今一个是老将，一个是旧将，一个成叛将，留下了短暂的回忆。

利物浦铁三角——杰拉德、阿隆索、马斯切拉诺

在英超BIG4横扫欧陆的时代，红军利物浦拥有非常稳固的中场铁三角，拦截能力超强的马斯切拉诺、负责长传调度的司令官阿隆索，还有拥有逆天远射的队长杰拉德，这个铁三角成为利物浦驰骋国内外赛场的支柱。他们的最好成绩是2006—2007赛季的欧冠亚军和2008—2009赛季的英超亚军，遗憾没有收获冠军奖杯，后来龙哥和小马哥分别出走皇马巴萨，利物浦进入了一段艰苦岁月。

狼堡三叉戟——米西莫维奇、格拉菲特、哲科

2008—2009赛季德甲联赛，马加特率领着从未夺得过德甲冠军的沃尔夫斯堡一飞冲天，冬歇期后的10连胜让他们从第九名跃升榜首，其间更是留下了5：1大胜拜仁的经典。中场核心米西莫维奇送出创纪录的20次助攻荣膺助攻王，锋线组合格拉菲特28球+哲科25球更是创造德甲锋线组合的进球纪录，狼堡三叉戟也书写了属于自己的经典。

巴萨六冠三叉戟——梅西、埃托奥、亨利

2009年，当时还是菜鸟教练的瓜迪奥拉率领巴塞罗那“六亲不认”，夺得了参加的所有六项赛事的冠军，成就了前无古人的六冠王霸业。锋线组合梅西、埃托奥、亨利更是大杀四方，梅西（38球）、埃托奥（36球）、亨利（26

球）单赛季包办100球，他们也开创了巴萨梦三宇宙队的新时代。

拜仁克洛尼——克洛泽、托尼

2007年夏天，拜仁主帅希斯菲尔德将两大中锋托尼和克洛泽纳入帐中，组成了声名鹊起的“克洛尼”组合。“金色轰炸机”克林斯曼执教后，“克洛尼”不断为拜仁摧城拔寨，托尼也夺得2007—2008赛季的德甲金靴。然而2008—2009赛季，“克洛尼”组合突然哑火，新到的范厨师也不喜欢这道菜，小鲜肉穆勒和老腊肉奥利奇成为主力，“克洛尼”组合结束了短暂的蜜月。

拜仁罗贝里——罗本、里贝里

2009—2010赛季，罗本的到来让拜仁拥有了两翼齐飞的罗贝里组合，不过“罗贝里”并没有和“克洛尼”形成Duang Duang Duang效应，范加尔改造小猪至后腰，前场启用“罗贝里”+“二利奇”新组合，最终帮助拜仁重夺德甲和德国杯，并杀进欧冠决赛获得亚军。“罗贝里”组合也成为拜仁此后夺取三冠王、制霸德甲的王牌武器。

法国四小天鹅——本泽马、纳斯里、本·阿尔法、梅内

2004年，作为法国U17青年队的前场四人组，纳斯里、本·阿尔法、梅内、本泽马帮助法国国青队夺得U17欧青赛锦标，因四人都出生在1987年，也被誉为“法国四小天鹅”和“87四少”。然而后齐达内时代，四小天鹅没能接班，法国足球陷入低谷，四小天鹅中也仅本泽马达到预期。法国足球如今已进入新时代，四小天鹅终成遗憾的历史。

荷兰四大才子——范佩西、罗本、斯内德、范德法特

荷兰足球英才辈出，2002年无缘世界杯后，他们接连涌现了四位才华横溢的球星，罗宾侠范佩西、小飞侠罗本、中场核心斯内德、天蝎鬼才范德法特，他们在2006年世界杯齐登大赛舞台，2008年掀起橙色风暴，2010年获得世界杯亚军，四人也撑起了荷兰足球十年的攻击线。不过范德法特巅峰期过早结

束，库伊特更多与传说中的“三棍客”搭档。如今四大才子皆过巅峰，荷兰足球遭遇了人才断层。

西班牙经典双翼——华金、维森特

维森特与华金，西班牙足坛一左一右的黄金飞翼。两人生日仅仅相差5天，维森特经历了蝙蝠军团最辉煌的时代，随队两夺西甲冠军，后来却饱受伤病困扰。华金在贝蒂斯成名，2006—2007赛季来到蝙蝠军团与维森特搭档，奈何此时两人都已过巅峰，西班牙国家队人才井喷，两人已失去位置。华金、维森特仅在2004年为西班牙征战过欧洲杯这一届大赛，最终也没能取得好成绩，小组出局。

巴萨哈白布——哈维、伊涅斯塔、布斯克茨

这大概是世界足球史上最具控制力的中场三人组，也是收获荣誉最多的中场三人组，哈维、伊涅斯塔、布斯克茨组成的中场，让那时的巴萨和西班牙横扫无敌。2009年收获欧冠冠军，2010年收获世界杯冠军，2011年收获欧冠冠军，2012年收获欧洲杯冠军，哈白布的梦幻组合，达到了史无前例的巅峰。

巴萨MVP——梅西、比利亚、佩德罗

中场有哈白布，锋线有MVP，如此巴萨不愧宇宙队美名。2010年夏天比利亚的加盟，让巴萨锋线在梅西、埃托奥、亨利三叉戟后又迎来了MVP组合，Messi+Villa+Pedro。事实证明MVP名副其实，巴萨在2011年创造五冠王伟业，最经典的当属2011年欧冠决赛，巴萨3：1击败曼联，MVP各入一球。哈白布+MVP，那支巴萨队强大到让人绝望。

乌拉圭锋线三英——弗兰、苏亚雷斯、卡瓦尼

在经历上古时代的辉煌后，乌拉圭足球在南非时隔40年重返世界杯四强，锋线上的弗兰、苏亚雷斯还有卡瓦尼战功赫赫，他们也在随后一年的美洲杯帮助乌拉圭夺魁，达到了乌拉圭足球的又一个高峰。不过三人很少同时登场，弗

兰+苏亚雷斯的锋线组合取得了成功，但弗兰老后，卡瓦尼屡屡让人失望，苏亚雷斯+卡瓦尼的组合还没能达到此前的高度。

切尔西四大蓝魂——切赫、特里、兰帕德、德罗巴

穆里尼奥、切赫、特里、兰帕德、德罗巴，这五个名字连在一起，象征着切尔西的灵魂。穆里尼奥率领的蓝军四大支柱，为蓝军注入铁血基因，切尔西也步入了英超顶级豪门的序列。2007—2008赛季，特里失点，切尔西遗憾错过欧冠冠军。2011—2012赛季，中途救火的迪马特奥重新重用切尔西“队委会”，蓝军终夺欧冠冠军。如今切尔西已物是人非，只剩特里留守蓝桥。

曼城五大轴心——哈特、孔帕尼、图雷、席尔瓦、阿圭罗

2011年夏天，阿圭罗加盟曼城，蓝月亮中轴线拥有了五大球星，三狮门神哈特、蓝月队长孔帕尼、B2B中场图雷、组织大师席尔瓦还有锋线杀手阿圭罗，他们支撑曼城两夺英超冠军，并在欧冠中挺进四强，是曼城开创霸业的五位功勋。可惜新赛季，哈特告别，孔帕尼多伤，图雷不受重用，席尔瓦和阿圭罗引领全新的蓝月攻击群，迎来了新的时代。

意大利锋线傻坏组合——巴洛特利、卡萨诺

2012年欧洲杯，意大利主帅普兰德利派出了一对奇葩的锋线组合，“坏小子”卡萨诺配搭“傻小子”巴洛特利。然而他们竟然被普兰德利激发了洪荒之力，小组末轮生死战2：0击败爱尔兰，两人各进一球。半决赛迎战德国，卡萨诺又灵巧助攻巴洛特利首开纪录。决赛场上二人又联袂首发搭档，意大利最终获得亚军，卡萨诺和巴洛特利功不可没。

多特蒙德三杰——罗伊斯、格策、莱万

2012年夏天，已经完成德甲两连冠的多特蒙德从门兴签下冉冉升起的“小火箭”罗伊斯，他和马里奥·格策、莱万多夫斯基组成为了多特新的攻击组合，也弥补了香川离开的位置空缺。那个赛季年轻的多特三杰风光无限，他们率领

多特杀进欧冠决赛，遗憾屈居亚军。格策赛季末远走拜仁，莱万一个赛季后也去往拜仁，只留伤病频繁的“小火箭”苦守威斯特法伦，等待小伙伴回家。

利物浦攻击3S——苏亚雷斯、斯图里奇、斯特林

2013—2014赛季，英超陷入大混战，阿森纳、切尔西、曼城、利物浦绞杀在一起，罗杰斯的红军后程发力，占据了夺冠主动权，他们的锋线组合大发神威，苏亚雷斯和斯图里奇的SAS组合，加上横空出世的小将斯特林，利物浦前场3S组合合力打进61球，可惜他们最终遗憾地与冠军失之交臂。后来苏神斯特林先后离开，斯图里奇苦苦延长通话时间，利物浦的3S组合昙花一现。

阿根廷神奇四侠——梅西、伊瓜因、阿圭罗、迪玛利亚

2014年世界杯，阿根廷继续拥有一条奢华的攻击线，梅球王+瓜烟枪+阿KUN+迪天使，四大攻击手合称神奇四侠。梅西小组赛打进4球助阿根廷全胜出线，迪玛利亚1/8决赛绝杀瑞士，伊瓜因1/4决赛射杀比利时，阿圭罗半决赛点球大战罚进关键点球。可惜决赛中，迪玛利亚因伤无缘，伊瓜因射失单刀，阿圭罗形同梦游，梅西状态平平，阿根廷无缘世界杯冠军。

尤文后防BBC——博努奇、巴尔扎利、基耶利尼

意大利足坛盛产混凝土防线，尤文后防版BBC就是意大利和尤文依仗的混凝土后防。2011年1月，尤文花费仅仅30万欧元买下当时29岁且陷入生涯低谷的巴尔扎利，他与博努奇和基耶利尼构筑了尤文滴水不漏的防线，加上门线传奇布冯，四个人的组合在尤文和意大利都成为经典。防守决定冠军，BBC组合就是尤文的冠军基石。

尤文MVP——马尔基西奥、比达尔、皮尔洛

2014—2015赛季，尤文图斯杀入了欧冠决赛，阵中除了后防线稳固的BBBC，还有中场全能的MVP组合。拖后组织核心皮尔洛、全能B2B中场比达尔、技术全面的中场灵石马尔基西奥，尤文MVP组合最强大的地方在于他们兼

具防守、组织和进攻，他们帮助尤文实现意甲四连冠，开创了新时代的斑马王朝。不过14/15赛季后比达尔和皮尔洛离开，马绩效伤病不断，尤文也进入了新的时代。

皇马BBC——贝尔、本泽马、C罗

2013年夏天，在白鹿巷刮起白色旋风的加雷斯·贝尔以9100万欧元的超高身价驾临伯纳乌，贝尔与本泽马和C罗组成了锋线BBC，超豪华两亿齐飞成型。处子赛季，贝尔低开高走，两个决定性进球帮助皇马夺得欧冠和国王杯冠军，2015—2016赛季BBC组合帮助皇马再夺欧冠。BBC组合组建三年打进超过300球，恐怖火力让人震惊。

巴萨MSN——梅西、苏亚雷斯、内马尔

2014年夏天，同样在英超不可一世的苏亚雷斯以8100万欧元的身价来到诺坎普，梅西、苏亚雷斯和内马尔组建了锋线MSN，大战皇马BBC。苏神处子赛季大放异彩，国家德比制胜球和欧冠决赛的关键进球，帮助巴萨在2015年夺得五座冠军。2016年，MSN组合又帮助巴萨夺得西甲、国王杯和西超杯，两赛季八冠军，MSN已成无解组合。

十七位择一城终老球星

选一队栖息，择一城终老，在金元当道换队如换衣的现代足坛，这无异于是一个传说，将自己所有的青春年华都献给了一支球队，这种忠诚在顶级足坛放眼望去绝不多见。

托蒂

效力球队：罗马

效力时限：1992—

如今的托蒂已经是职业生涯暮年，随时有可能宣布挂靴，但是在40岁的年纪还能上演点球绝杀，罗马国王的称号实至名归。尽管曾经差点转会皇马，但明白了人生真谛的他还是毅然决然地留在了永恒之城，用自己的忠诚捍卫了一段传说。

吉格斯

效力球队：曼联

效力时间：1990—2014

年限：24

出场次数：963

进球：168

吉格斯现在的目标是成为一名合格的主教练，但是作为一名球员，他拿遍了俱乐部层面所有的荣誉，对于后卫来说威尔士人的大名如雷贯耳。在20世纪90年代到21世纪的头10年，吉格斯用自己在左路的风驰电掣留下了一段又一段佳话。

马尔蒂尼

效力球队：AC米兰

效力时间：1985—2009

年限：24

出场次数：902

进球：33

忠诚曾经是马尔蒂尼的代名词，米兰队长堪称足球史上最伟大的后卫之一，左右脚俱佳，在中卫和左后卫的位置上都打出了现象级的表现，马队在米兰赢得了7个联赛冠军，荣誉的奖杯纵贯20世纪八九十年代以及21世纪初，超过900场的出场纪录便是最好的见证。

斯科尔斯

效力球队：曼联

效力时间：1994—2013

年限：19

出场次数：718

进球：155

生姜头是一名低调的中场大师，性格内敛，话不多，却是足坛历史上最伟大的中场之一，作为92班的杰出代表，他和队友们一起拿到的荣誉无数。退役之后保罗依旧没有离开足球行业，偶尔客串一下解说嘉宾，再踢踢业余足球，陪陪孩子，生活十分惬意。

托尼·亚当斯

效力球队：阿森纳

效力时间：1983—2002

年限：19

出场次数：669

进球：48

我们暂且不讨论亚当斯在场下的种种行为，作为阿森纳曾经的铁血队长、后防中坚，他的心目中就只有枪手一支球队，长达14年的队长生涯造就了他内心的枪手之魂。

普约尔

效力球队：巴塞罗那

效力时间：1999—2014

年限：15

出场次数：593

进球：18

翻阅巴萨悠久的历史，纵观球队百年辉煌，你很难绕开普约尔这个名字，作为拉玛西亚的优秀产品，有着“小狮王”之称的普约尔是巴萨铁血队魂，他在后防线上过硬的作风是梦二、梦三的最大保障之一，3次欧冠冠军、6次联赛冠军便是最好的证明。

莱德利·金

效力球队：热刺

效力时间：1999—2012

年限：13

出场次数：321

进球：15

球风优雅、脚下技术出色，如果不是过多的伤病，莱德利·金的成就会比现在高很多。出自兵工厂的他14岁就离开阿森纳加盟北伦敦死敌热刺，并且带领球队拿到过一次联赛杯的冠军，现在他是俱乐部的形象大使。

米歇尔·佐尔克

效力球队：多特蒙德

效力时间：1981—1998

年限：17

出场次数：572

进球：159

现任多特蒙德体育主管的佐尔克可以说是要将自己的一生奉献给大黄蜂，作为一名中场他从一出道开始就在多特效力一直到退役，其间随队拿到了2次联赛冠军和1次欧冠冠军，这里面他功不可没。

加里·内维尔

效力球队：曼联

效力时间：1992—2011

年限：19

出场次数：602

进球：7

作为评论界的权威人士，加里·内维尔现如今已经成功转型。但是作为右后卫他也是曼联和英格兰国家队多年雷打不动的主力，如果要选一名英超时代最佳右后卫，加里肯定是头号人选。

伊涅斯塔

效力球队：巴塞罗那

效力时间：2002—

尽管还没到必须退役的年龄，但所有人都不会怀疑伊涅斯塔会选择在诺坎普终老。小白堪称是过去10年国际足坛最好的中场，拿遍了国家队和俱乐部层面的所有荣誉，金球奖对他来说已经无关紧要，趁着他还在踢球，多看看这位中场大师的表演吧。

雅辛

效力球队：莫斯科迪纳摩

效力时间：1949—1971

年限：22

出场次数：326

进球：0

绰号黑蜘蛛或者黑豹的雅辛是苏联最伟大的球员，他甚至拿到了1967年的列宁奖，其成就可见一斑，其实早在1963年他就赢得了金球奖的桂冠，是唯一一位拿到金球奖的门将，而他传奇的职业生涯全部都奉献给了莫斯科迪纳摩。

卡拉格

效力球队：利物浦

效力时间：1996—2013

年限：17

出场次数：737

进球：5

卡拉格在利物浦度过了自己整个职业生涯，并且选择在2013年退役，随后成为一名成功的评论家，在他效力红军的时间里拿到了2次足总杯冠军、3次联赛杯冠军，当然还有1次欧冠冠军。

小桑奇斯

效力球队：皇马

效力时间：1983—2001

年限：18

出场次数：710

进球：40

小桑奇斯的父亲是皇马1966年欧冠冠军成员之一，而他自己的成就更为突出，在他的带领下皇马于20世纪80年代称霸西班牙足坛，他也拿到了8座西甲冠军奖杯，还有2次欧冠冠军。

比尔·福克斯

效力球队：曼联

效力时间：1952—1969

年限：18

出场次数：688

进球：9

比尔·福克斯也是巴斯比的孩子们之一，随队拿下了1次足总杯冠军和1次欧冠冠军。退役后拿起了教鞭，先后执教了9家俱乐部，足迹从美国到挪威。

马特·勒·蒂塞尔

效力球队：南安普顿

效力时间：1986—2002

年限：16

出场次数：541

进球：209

这份榜单中的绝大多数球员都出身名门，并且在最高水平的俱乐部奋斗一生，但蒂塞尔并不是，终其一生都只在南安普顿效力，职业生涯期间也收到了切尔西、热刺等球会的邀请，但他始终不为所动。

迈耶尔

效力球队：拜仁

效力时间：1965—1980

年限：15

出场次数：599

进球：0

传奇门神迈耶尔在拜仁效力十五载，拿到的荣誉无数，他身后的球门成为最坚固的堡垒，同时他也是德国足坛历史上最成功的门将之一，拿到过1次世界杯，1次欧洲杯、4次德甲以及3次欧冠冠军。从1966年到1977年，迈耶尔还曾连续11年不间断地参加了422场俱乐部队比赛。

巴雷西

效力球队：AC米兰

效力时间：1977—1997

年限：20

出场次数：719

进球：33

在马尔蒂尼之前，米兰便已经拥有一位忠诚的队魂，他就是巴雷西。二十载红黑生涯值得球迷永远铭记，他也随着米兰沉沉浮浮，并且最终走向成功。6次意甲冠军、3次欧冠冠军，同时还是1982年世界杯冠军的成员之一，他的一生充满了传奇。

那些足以载入史册的任意球大师

绿茵场中球员利用直接任意球破门的情景屡见不鲜，而且这些任意球往往会令观众发出“哇”的喝彩。这些精彩的任意球也是五花八门，每位任意球大师都有他们的独门绝技。

贝克汉姆：贝氏弧线

弧线任意球是平常中我们经常能看到的任意球主罚方法，用内脚背踢向球的侧下方，稍加练习就可以踢出弧线球，也就是我们常说的“香蕉球”，入门程度比电梯球、S形球简单很多。但是如果想真正踢好弧线任意球，真正掌握得炉火纯青是相当困难的。而提到弧线任意球，我们自然会想到“万人迷”贝克汉姆，想到他的“贝氏弧线”。小贝的任意球就如同他英俊的脸庞一样帅气，一样标致，每当皮球在他脚下划出一道完美的弧线时，都是一次视觉享受。

小贝之所以总能够踢出弧线幅度非常大的任意球，他触球时整个身体的姿势是很有特点的。首先，他为了更好地发力，利用左臂向侧后方划出一个大圆，其次，他在保持躯干平衡的情况下，支撑腿几乎与地面呈45度角，通过大幅度倾斜身体来增大内脚背与皮球的接触面积，这样就能增加弧线的角度和速度，再加上他吃球的部位非常精准，所以无论是他主罚的姿势还是皮球运行

扫描观看
香蕉球&落叶球！足坛经典任意球破门集锦

的轨迹都极具视觉效果。

作为一名右脚球员，禁区前左侧呈正角度的区域是“贝氏弧线”的极佳角度，不过贝克汉姆还能将贝氏弧线运用到负角度区域，而且他用右脚在右侧区域攻破球门的效率极高。一般人如果在负角度区域逆向打门的话，击球的力量和角度都会受到很大影响，但这对于小贝根本不是问题，就像对阵利物浦的那记世界波，飞行的速度让守门员无法做出反应，角度更是直挂死角。小贝的很多经典任意球都是出自负角度，包括与皇马经典一战中令卡西利亚斯无奈的速度旋风以及红魔时期的最后一球。

在贝克汉姆的职业生涯中，他一共打入过65粒直接任意球，占他所有进球的48%，可见任意球在小贝职业生涯中的重要性。有人质疑他只会传中和任意球，但实际上贝克汉姆只有这两项就足够了，试问有哪粒任意球能价值一亿英镑呢。

卡洛斯：大力直接轰门&大力外脚背

说完小贝的“贝氏弧线”，我们该来欣赏欣赏暴力直线的美学。毫无疑问，巴西传奇左后卫罗伯特·卡洛斯最擅长于此，每当卡洛斯站在皮球前，球迷们就会为颤抖的人墙以及无助的门将担心。卡洛斯年轻时在巴西圣保罗州的圣若昂联盟队出道，他从当时队中号称“维斯帕亚诺大炮”的埃德尔身上学习到大力轰门的技巧，这也为他以后的职业生涯做好铺垫。日后，卡洛斯还将这种技术赋予自己的特点。

在距球门较近的位置，卡洛斯往往会选择用正脚面大力抽射，强劲的力道使皮球在空中几乎静止不动，犹如离弦的箭飞入球门。中国球迷印象最深的无疑是2002年世界杯上卡洛斯攻破江津的画面，这也是卡洛斯在世界杯赛场上的唯一进球。

在距离球迷较远的位置，大力直线轰门对守门员的威胁下降很多，所以卡洛斯通常会加以旋转来迷惑对方。而如何在保证踢球力道的基础上施加弧线呢？卡洛斯选择外脚背抽射。外脚背技术本身并不好掌握，更别提直接任意球，但卡洛斯却能将此技术运用得淋漓尽致。卡洛斯罚定位球时总是踢球的气嘴，因为那是球最硬的部位可以更好地发力，另外他总是从左下角往右上角踢，这样踢出的球更有弧度。卡洛斯外脚背的代表作无疑是1997年法国四国赛中他40码任意球令巴特斯目瞪口呆，卡洛斯自己也评价这是一个美妙的进球，难以忘怀。

雷科巴：大力内脚背弧线

同样是大力抽射，卡洛斯的外脚背名扬四海，雷科巴的内脚背同样笑傲群芳。用内脚背踢任意球不难，但是踢出这么快的速度不是谁能轻易做到的，甚至比外脚背还要难。因为外脚背有一个天然的斜度，虽然不易掌控，但与球接触面积大，踢出快速度不是很难。而内脚背与球的接触面积比较小，想踢出弧线简单，但在此基础上还要踢出速度相当难，不过雷科巴还是能熟练掌握大力内脚背弧线这一绝技。每当国米陷入危机时，雷科巴总能用他的左脚力挽狂澜。在雷科巴面前，无论你排多宽的人墙都没有用，因为“中国男孩”会用极强的弧线绕过你的身体，直奔球门死角而去。

雷科巴的任意球虽惊艳，然而他在梅阿查的岁月却始终伴随着遗憾与不甘。他是蓝黑军团最忠诚的那个人，但他在国米的10年时间却没有释放他所有的潜力。

皮尔洛：落叶球

作为一代受人尊敬的中场大师，皮尔洛“以柔克刚”的踢球方式不只体现在他的中场调度、助攻方面，任意球也是睡皮的拿手绝技。与贝克汉姆、卡洛斯主罚任意球时较大的准备动作相比，皮尔洛几乎没有助跑动作，就是几步小碎步而已，看起来很随意，但就是这种“随意”就可以代表睡皮的足球风格。

落叶球是皮尔洛苦苦钻研出来的功夫，在他的自传中他曾透露他为了模仿小儒尼尼奥的技术已经到走火入魔的地步，但是在很长时间内他没有找到秘诀。终于有一天，他在马桶上瞬间意识到主罚任意球的关键并不在于怎么踢球，而在于用什么部位踢球，小儒尼尼奥在主罚任意球时并不是用自己的整个脚面接触皮球，而是只用三个脚趾。在悟出这种感觉后皮尔洛立即来到训练场检验自己的想法，结果连续几脚射门均取得成功。

皮尔洛自己也解释这种落叶球的秘诀："要求就是用前三个脚趾来触球，并且在触球之前脚要尽量绷直，然后在触球的一瞬间完全放松，这样一来，球不会在空中旋转，但是会在靠近球门的时候迅速降落，并开始旋转。"显然皮尔洛在掌握落叶球的主罚方法后开始大杀四方，他的落叶球速度虽然不快，但轨迹不固定，有时睡皮也会选择踢弧线任意球，他往往根据不同情况选择不同的主罚方法，守门员无法提前判断球的落点，这也是皮尔洛任意球的致命之处。

C罗：战斧式电梯球

C罗的各项能力非常全面，其中电梯球不得不提起，大家都知道C罗在训练中相当刻苦，喜欢钻研，他的电梯球就完全体现了这一点。从2005、2006年左右，C罗就逐步在比赛中炫耀他的电梯球技术，当时反尔洛的落叶球很出名，所以外界经常拿C罗的任意球与皮尔洛进行比较，但实际上C罗的电梯球与皮尔洛有着比较大的差别，后者的落叶球速度不是很快，主要靠在空中捉摸不定的轨迹迷惑门将，而C罗的任意球同样是皮球不转，但速度极快，上下摆动非常大，球在门前会有疾速下坠，皮球就真的像坐上电梯一样从1楼到5楼，又从5楼瞬间跳到1楼。

能够踢出速度极快的电梯球，这与C罗强大的腿部力量是分不开的，尤其是小腿力量。他的任意球速度经常能够达到每小时100公里左右，同时他的触球位置更靠近皮球中部，所以皮球飞行的线路更低、更隐蔽，再配上圆规式的准备动作，战斧式电梯球就好像为C罗量身打造一般。

大卫·路易斯：脚弓端射

球场上，脚弓是球员们使用频率非常多的位置，脚弓可以用来短传，可以用来停球，也可以用来推射，但谁见过用脚弓打任意球的吗？听起来不可思议吧，但大卫·路易斯做到了。2017年2月1日，英超切尔西对阵利物浦，大卫·路易斯打进切尔西唯一进球，用的就是这个任意球绝技。

平常踢过球的朋友都知道用脚弓起球是非常难的，尤其在皮球静止的情况下就更难了。当然你可以刻意踢皮球的底部，不过皮球飞出的效果往往是飞上看台。然而大卫·路易斯真的做到了这一点，在很多关键的场合他都通过这种方式完成任意球破门。那么他是如何做到的呢？首先，他并不是单纯地"推射"，而是"端射"，脚弓与皮球不是呈90度角，而是一个钝角，另外他并没有刻意在触球时向上"提"球，所以皮球在空中也没有旋转，效果就像落叶球一样。其次，鲁蓬蓬在踢出球后支撑脚稍稍腾空，身体也是向后仰的。除大卫·路易斯之外，德罗巴也经常利用脚弓端射主罚任意球。

小儒尼尼奥：40米开外任意球，S形任意球，各种任意球主罚方式

如果说谁能把以上几位任意球大师的本领浓缩在一起的话，小儒尼尼奥说自己是第二，恐怕没人敢称第一。小儒尼尼奥职业生涯打进过75粒任意球，而且这些任意球不乏40米开外以及各种边角度的任意球，另外他的主罚方式也多种多样，有弧线球、落叶球，也有电梯球、S形球，小儒会根据不同的情况选择不同的主罚方式，他可以用右脚任何位置触球，有时会绕过门墙和守门员直挂死角，有时会穿过门墙打守门员的下三路，距离短的直接大力轰门，距离长的就用S形球迷惑门将，等等，不管他用什么方式，皮球都会飞入球门。

小儒尼尼奥在主罚任意球时经常会踢出类似正弦函数的曲线，这种曲线速度快，角度叼，皮球向下旋转，所以不管在什么角度，即便像对阵巴萨时的这种角度，小儒都能将间接任意球当作直接任意球来踢，而且直挂圆角，守门员

根本无法扑救并且会人仰马翻。

C罗的电梯球在门将面前是上下疾坠，皮尔洛的落叶球在门将面前是飘忽不定，那么小儒尼尼奥的任意球在门将面前真的是上下左右，飘忽不定，直到最后一刻你也不知道皮球向哪飞。他的S形球独步天下，有时你会看着皮球前一秒还在向右飞，结果下一秒皮球就飞入左下死角，有时你觉得皮球该向下落时，球又开始向上飞，这就是小儒尼尼奥的任意球，任意球中的魔术师。

米哈伊洛维奇：任意球帽子戏法

帽子戏法大家经常能看到，但任意球帽子戏法却很难见到，塞尔维亚传奇米哈伊洛维奇就曾完成过这一前无古人的伟迹。1999年12月13日，米哈在代表拉齐奥对阵桑普多利亚时上演过任意球帽子戏法，这一纪录多年内在欧洲赛场无人可以达到。

作为一名中后卫，米哈有着异于常人的任意球脚法，这全部来源于他对任意球的痴迷，他在访谈中曾表示自己从小就迷恋主罚任意球，初登意甲时他也表示自己每罚3粒任意球就会有1粒进球，这就是一位任意球大师的自信。

逆袭风云！2016年十大惊艳之师

赛场多豪强，黑马艳无双。惊人的冷门，逆袭的黑马，永远是足坛最闪耀的魅力色彩。2016年，他们的表现，惊艳赛场。

有一种蓝，叫孔蒂蓝！

2016年，意大利进入欧洲杯八强，切尔西强势领跑英超，这样的成绩看上去不足为奇。但结合他们取得这些成绩的背景，孔蒂教练的执教能力令人叹服。个人观点，孔蒂是2016年世界足坛的最佳主帅。2016年欧洲杯上的意大利被视为21世纪星光最黯淡的一支，但在孔蒂的352体系中，意大利封锁了球星云集的比利时和西班牙，最终在与德国队一场史诗般的1/4决赛中点球惜败。这支意大利队的表现不仅赢得了尊重，也成为很多球迷心中的冠军。随后孔蒂来到切尔西，此时蓝军刚刚经历了一个噩梦般的赛季，孔蒂在经过一个不太好的开局后及时调整，变阵343，蓝军随即大杀四方，豪取11连胜，强势领跑英超，球迷惊叹这支切尔西很“意大利”。一年内率领国家队和俱乐部都取得让人信服的成绩，孔蒂为自己执掌的两支蓝衣球队镶上了带有孔蒂印记的孔雀蓝。

有一支匪军，叫马竞！

马竞获得2015—2016赛季的欧冠亚军并不让人意外，但回首他们的欧冠之路，这支球队差点就成为有史以来含金量最高的欧冠冠军。皇萨仁是当今足坛三大超级豪门，实力和星光远远超过其他球队。但是马竞在1/4决赛逆转了拥有MSN的巴塞罗那，三个赛季内两次将巴萨踢出欧冠四强。半决赛中又将群星云集的德甲霸主拜仁慕尼黑淘汰，彻底让瓜帅患上西甲恐惧症。决赛面对皇马，马竞在先失一球又错失点球的情况下扳平比分，与皇马鏖战至12码，可惜功败垂成，再度告负。马竞距离连续掀翻萨仁皇登顶欧洲只有一步之遥，西蒙尼的匪军再度给人带来惊喜。可惜，他们总是欠缺一些运气。

有一位少帅，不满30岁！

2016—2017赛季上半年结束时，仅有两支球队保持联赛不败，一支是皇家马德里，另一支是霍芬海姆。霍村6胜9平保持不败，排名德甲第三，要知道2015—2016赛季他们仅仅是联赛倒数第四，险些降级。创造这一奇迹的正是29岁的少帅纳格尔斯曼，他的年龄比梅西还要小29天，却在教练岗位上一步步创造奇迹。他2016年2月接手霍村时，球队20轮只拿到14分积分垫底，他率队14轮拿到23分，神奇保级。2016—2017赛季，这位与球员们年龄相仿的少帅打造了一支难以被击败的霍村，鲁迪、聚勒、瓦格纳、克拉马里奇等球员也都有着精彩的表现。虽然平局过多让霍村无力争冠，但是能把球队带进欧冠区，纳格尔斯曼已经创造了一个不小的奇迹。

有一支红黑军，叫尼斯！

2013—2016年4个赛季，大巴黎完成法甲四连冠，以绝对的实力碾压其他球队，在法甲一家独大。但是2016—2017赛季随着主帅布兰科和当家球星伊布的离开，大巴黎统治力不再，中游球队尼斯异军突起。门兴前功勋主帅法夫尔再次展现了他超强的战术打造能力，夏季引进的新援巴神和丹特成为了球队攻防两端的核心。丹特作为队长展现了世界级后卫的实力和水准，巴神在2016年打进8球，以其超凡的实力和影响力成为尼斯的攻击核心，还有23岁的法国前锋普利亚打进10球，25岁的科特迪瓦中场塞里送出8次助攻，球队主力后卫萨尔更是一位出生于1999年的超新星。尼斯提前1轮锁定法甲半程冠军，领先第二名摩纳哥4分，领先第三名巴黎7分。尼斯上次法甲夺冠还是在1959年，他们有可能创造新的历史。

有一种亚洲荣耀，叫鹿岛鹿角！

世俱杯一直是欧洲球队与南美球队争霸的舞台，亚洲球队扮演着看客的角色，而2016年末，我们却在世俱杯的舞台上见证了亚洲球队的风采。作为东道主的代表，鹿岛鹿角算是持外卡参赛，他们先后击败大洋洲冠军奥克兰城、非洲冠军马梅洛迪进入四强，随后又3：0淘汰南美洲冠军国民竞技，成为历史上第一支晋级世俱杯决赛的亚洲球队。决赛面对欧洲冠军皇家马德里，鹿岛鹿角释放了他们的能量，柴崎岳梅开二度表现惊艳，鹿岛鹿角一度2：1领先皇马，90分钟的最后时刻甚至压制住了皇马，场面不落下风，最终因为加时赛体力不支以及对手超级球星的闪光，才2：4败下阵来。这支以全日本球员首发的球队展现了亚洲球队的实力，也展现了日本球队的风采，成为日本足球闪亮的名片。

有一支新王加冕，是葡萄牙！

如果是10年前的葡萄牙夺得欧洲杯冠军，甚至夺得世界杯冠军，那都不足为奇，但是现在的葡萄牙，除了C罗、佩佩，实在缺乏巨星。也许他们会像2012年一样进入四强，但是如果夺冠，那真的算是一匹黑马。葡萄牙小组三连平以第三名出线的表现都是在为黑马夺冠做出铺垫，C罗在关键时刻爆发，佩佩成为葡萄牙的定海神针，纳尼、夸雷斯马、帕特里西奥等老臣屡建奇功，桑谢斯、格雷罗等小将也在欧洲杯上成名，葡萄牙凭借90分钟内的五连平杀进四强。一支“谁也踢不过的球队”居然进入了四强，但这支“谁也踢不过的球队”最终也成功地杀入了决赛。面对势如破竹的东道主法国，葡萄牙在开场不久痛失王牌队长的情况下，依靠加时赛中埃德的神兵天降，绝杀法国，历史上首次夺得世界大赛的冠军。葡萄牙在逆境中创造了奇迹，这不是最好的葡萄牙，但他们就是站在了欧洲之巅。新王加冕，惊艳无双。

有一种升班马，叫莱比锡！

2016—2017赛季的德甲赛场迎来了一支新军，首次杀入德甲的莱比锡红牛成为了德甲赛场引人关注的焦点。赛季之初，焦点都集中在他们离经叛道的经营模式以及德甲球迷对他们的抵制上，但渐渐地球迷们发现，这支升班马竟然能与拜仁并驾齐驱，甚至一度不败领跑。“莱”者何人？竟如此神奇？这支建队7年连升4级的球队，如今竟然要冲击德甲职业联赛的最顶端！在主帅哈森许特尔的率领下，福斯贝里、维尔纳、萨比策、纳比·凯塔、康博、奥尔班等球员都拿出了精彩的表现。莱比锡已经被与莱斯特和凯泽等神话前辈联系到了一起，他们的确有创造奇迹的可能。

有一条苏醒睡龙，叫威尔士！

2016年欧洲杯首次扩军至24队，有多达5支球队迎来了欧洲杯首秀，这其中就包括红龙威尔士。大圣贝尔自然是这支新军的王牌，他连续两场任意球直接破门，帮助威尔士从一个艰难的小组中突围成功，随后又制造乌龙帮助威尔士淘汰北爱尔兰杀进八强。1/4决赛面对球星云集的比利时，威尔士证明了他们绝不是贝尔一个人的球队，队长阿什利·威廉姆斯关键时刻挺身而出扳平比分，罗布森·卡努灵犀一转反超对手的画面更是成为欧洲杯的经典，拉姆塞两次送出助攻展现大将之风，乔阿伦、莱德利、尼尔·泰勒、亨内西等球员的表现也都让人印象深刻。虽然威尔士在半决赛0：2负于最终的冠军葡萄牙，但他们的表现已经向人们证明了威尔士足球的进步和实力，更证明了英伦足坛不只有三狮，还有红龙。沉睡多年的红龙终于苏醒，只是不知道遥远的东方有一条龙，他们的足球何时苏醒。

有一种奇迹，叫冰岛奇迹！

2016年欧洲杯的最大黑马，当属小国新军冰岛。这个人口只有33万的小国，因为足球而在2016年的夏天彻底陷入疯狂。在双主帅拉格贝克和哈德格里姆松的率领下，作风硬朗的“松军”不断带给球迷震撼，他们首战爆冷战平葡萄牙，随后战平匈牙利，绝杀奥地利，淘汰赛首轮又逆转英格兰，竟然杀进了八强。虽然他们最终在1/4决赛里2：5惨败法国，但这支冰雪中走来的小国球队赢得了全世界的尊重，独具特色的冰岛战吼庆祝互动方式也被其他国家的球迷纷纷效仿。从2012年到2016年，冰岛足球的世界排名前进了近100位，最终在2016年创造了奇迹，也展现了冰岛足球近些年努力的成果。

有一种童话，叫蓝狐童话！

在这份榜单中，前面都是一顿瞎排，因为最后压轴的第一名没有悬念。2016年世界足坛最惊艳的球队，当属夺得英超冠军的“蓝狐”莱斯特城，梦幻的蓝狐童话在英伦上演，这是足坛历史上十年难得一遇的神话。此前在2014—2015赛季才惊险保级的莱斯特城，夺冠赔率高达1：5000的莱斯特城，竟然在2015—2016赛季力压老BIG4以及曼城、热刺等球队，以10分优势夺得英超冠军，这是球队132年来的第一座英超冠军，这是他们原本想都不敢想的英超冠军！老谋深算的拉涅利被视为年度最佳教练的最大热门人选，坎特、马赫雷斯、瓦尔迪等球员也成为被人关注的球星。草根逆袭在莱斯特城的身上被发挥到了极致。2016年，我们曾共同见证过童话的诞生。美丽的蓝狐童话，为2016年的世界足坛点缀了最靓丽的童话色彩。

球迷的盛宴！ 2016年十大王者之师

2016年的世界足坛，有霸主垄断，也有黑马颠覆。王者之间的割据并立，已经成为最美妙的回响。这一年，在诸强之中，哪支球队才是真正的王中之王？

莱斯特城

成就：2015—2016赛季英超联赛冠军、队史首冠

主力首发11人（442）：小舒梅切尔、辛普森、摩根、胡特、富克斯、马赫雷斯、坎特、德林克沃特、阿尔布莱顿、冈崎慎司、瓦尔迪

2016年，莱斯特城力压多支传统豪门夺得英超冠军，创造了蓝狐童话。莱斯特城夺冠的主力11人令人耳熟能详，几乎雷打不动。小舒梅切尔是将门虎子，多次拯救球队。辛普森、摩根、胡特、富克斯组成了一道稳定实用的草根防线，摩根和胡特多次在关键时刻进球，队长摩根更是没有缺席冠军赛季的每一分钟。中场方面，喝水哥和坎特组成的中路能进能退，阿尔布莱顿擅长传统边路球员的突破，马赫雷斯更是个人能力突出的攻击核心。冈崎慎司发挥了防守型前锋的作用，任劳任怨的他也为瓦尔迪的爆发贡献了能量。

冠军赛季，瓦尔迪是蓝狐前半赛季的MVP，最终当选FWA年度最佳球员。马赫雷斯是蓝狐后半赛季的MVP，最终当选PFA年度最佳球员。而事实证明，坎特才是这支球队整个赛季的MVP，2016年夏天，莱斯特城人员损失不多，主力11人仅仅坎特一人离开了，但他们却迅速从冠军队成为了保级队，而坎特去的那支球队，则是2016年的又一支经典强队。

切尔西

成就：2016—2017赛季英超半程冠军、创队史纪录12连胜

主力首发11人（343）：库尔图瓦、卡希尔、路易斯、AZP、M.阿隆索、马蒂奇、坎特、摩西、阿扎尔、科斯塔、佩德罗

2016年，切尔西的状态冰火两重天。上半年，他们结束了一个糟糕的赛季，第十的排名创造了球队近20年来的最差联赛战绩。孔蒂的到来改变了一切，切尔西三连胜起步，但又紧接着输给利物浦和阿森纳这两个争冠对手，尤其是客场0：3负于阿森纳，彻底让孔蒂做出改变。撤下伊万、小法、威廉，启用M.阿隆索、摩西、佩德罗，变阵343，由卡希尔、路易斯、AZP组成三中卫，阿隆索、摩西担当两侧翼卫，坎特、马蒂奇组成中场，迭戈·科斯塔锋线突前，阿扎尔和佩德罗在两侧，这套阵容彻底激活了蓝军。科斯塔大杀四方，阿扎尔重返世界第三序列，佩刀找回了巴萨时期的风采，后期重返阵容的小法也找回了状态，摩西和阿隆索成为孔蒂善于用人的典范，坎特依然是那个中场最重要的基石。

2016年结束时，切尔西豪取12连胜，创造队史纪录，冲击英超纪录，并且在积分榜上一骑绝尘。12场比赛中先后击败莱斯特城、曼联、热刺、曼城等队，且只有两粒失球，还分别是世界波和乌龙球，孔蒂的切尔西，奏响了2016年末世界足坛的最强音。

尤文图斯

成就：2015—2016赛季意甲冠军、意大利杯冠军、2016—2017赛季意甲半程冠军

孔蒂创立的尤文新王朝，在囧叔的带领下依然强势。2016年，尤文先是反超那不勒斯，最终实现意甲五连冠，收获国内赛事双冠王，欧冠虽然止步1/8决赛，但若不是签位问题，尤文的表现已经证明他们具备欧冠四强的实力。下半

年，尤文继续强势，目前已经提前锁定半程冠军，向六连冠发起冲击。尤文图斯在夏天有了不小的阵容变动，博格巴和莫拉塔离队，伊瓜因、皮亚尼奇、阿尔维斯加盟。尤文在2016年受到了不小的伤病困扰，但阵容的厚度让他们从容地应对了这些困难。布冯依然是那个布冯，38岁还能打破意甲不失球纪录。尤文还有着丰富的后卫储备，不管是后防BBC与利希施泰纳、埃弗拉，还是阿尔维斯、桑德罗、鲁尼加、贝纳蒂亚，都能轮换后防位置，这条线尤文无忧。中场有赫迪拉、马绩效和皮亚尼奇，还有夸德拉多、埃尔纳内斯、勒米纳、斯图拉罗，虽然算不上豪华，但在意甲依然是顶级配备。在锋线位置上，尤文还有大杀器伊瓜因、大前锋曼朱基齐以及年轻的迪巴拉，这一套阵容在意甲目前难逢敌手。

尤文的目标依然在欧冠战场，他们四条线都有世界级球星压阵，堪称目前在欧冠挑战皇萨仁垄断的最强者，他们距离上次夺得欧冠冠军已经20年了。

拜仁慕尼黑

成就：2015—2016赛季德甲冠军、德国杯冠军、德国超级杯冠军、2016—2017赛季德甲半程冠军

拜仁慕尼黑与尤文图斯相似，都在继续统治着国内足坛。虽然拜仁在上下半年分别遇到过多特蒙德和莱比锡对冠军的挑战，但拜仁依然保持着强大的统治力，继续占据德甲榜首。拜仁足以拿出两套阵容来应付国内赛事，欧冠赛场才是他们重点征服的主战场。拜仁的阵容厚度在德甲无队可敌，放眼欧洲也仅有皇马可以与之相抗衡。在夏天引进胡梅尔斯和桑谢斯后，拜仁的阵容更加强大。诺伊尔、拉姆、博阿滕、胡梅尔斯、阿拉巴组成的防线几乎就是世界最强的水平，他们还有哈马、贝尔纳特、拉菲尼亚做替补。中场位置，拜仁拥有阿隆索、蒂亚戈、比达尔、穆勒，年轻的桑谢斯和基米希，边路有道格拉斯·科斯塔、金斯利·科曼、里贝里、罗本，锋线还有莱万，这样的阵容简直就是德甲的BUG，安切洛蒂执教的这半个赛季，拜仁发挥还不算好，就已经占据德甲榜首。

不论是瓜迪奥拉还是安切洛蒂，他们都拥有一套近乎完美的阵容，但他们也面临着巨大的压力，拿不了德甲冠军就是失败，拿不了欧冠冠军就不是成功，在这样的压力之下，拜仁的2017年充满挑战。

马德里竞技

成就：2015—2016赛季欧冠亚军

主力首发11人（442）：奥布拉克、胡安弗兰、戈丁、萨维奇、菲利佩、卡拉斯科、萨乌尔、加比、科克、托雷斯、格列兹曼

2015—2016赛季的马德里竞技，堪称史上含金量最高的欧冠亚军。皇萨仁是当今足坛遥遥领先的三支球队，但他们都无法在常规时间里淘汰马竞。1/4决赛面对当时如日中天的巴塞罗那，马竞在客场1：2落后的情况下回到主场2：0淘汰巴萨，3年来第二次将巴萨淘汰出欧冠四强，也是9年来仅有的一支能把巴萨挡在欧冠四强之外的球队。半决赛面对众星云集的拜仁慕尼黑，马竞主场1：0取胜，次回合1：2落败，依靠客场进球优势晋级。决赛面对皇马，先失一球再丢点球，最终由卡拉斯科扳平比分，只是12码再次阻隔了他们冲击欧冠冠军的梦想。他们险些完成掀翻皇萨仁称霸欧洲的梦想，只是欠缺一些运气。西蒙尼的球队不是最华丽的，却是最难被击败的，他们在2016年再次把西蒙尼主义发挥到了一个高度。

奥布拉克只有23岁，但已经迈入了世界级门将的序列，马竞的防线依然坚不可摧，中场有卡拉斯科的突破、萨乌尔的盘带，马竞的年轻一代让他们的未来充满希望。托雷斯回到梦开始的地方，焕发了第二春，格列斯曼已经步入了顶级球星的序列，他的2016年惊艳却又充满遗憾。这支马竞虽然在2016年四大皆空，下半年在联赛中也遇到了一些问题，但当他们面临硬仗时，依然是那令人颤抖的铁血之师。

皇家马德里

成就：2015—2016赛季欧冠冠军、欧洲超级杯冠军、世俱杯冠军

主力首发11人（433）：纳瓦斯、卡瓦哈尔、佩佩、拉莫斯、马塞洛、莫德里奇、卡塞米罗、克罗斯、贝尔、本泽马、C罗

2016年对于皇马来说无疑是丰收之年，他们夺得了第11座欧冠冠军，也先后拿下了欧洲超级杯和世俱杯，当家球星C罗斩获金球奖，球队在2016年全年只输了两场比赛，2016—2017赛季至今更是未尝败绩，球队也创造了37场不败的队史纪录，并且有可能在第二年继续延续。虽然齐祖被球迷戏称为靠命硬闯荡天下的主帅，但是这位主帅除了安定皇马的更衣室之外，也为皇马找到了最合适的一套阵容。纳瓦斯被证明是一位称职的“父亲”，卡瓦哈尔和马塞洛都拥有超强的攻防能力，佩佩在欧洲杯上大放异彩，拉莫斯更是屡屡贡献绝杀，中场有莫德里奇和克罗斯简直让人羡慕，卡塞米罗的存在更是皇马实现阵容平衡的关键，BBC依然是世界级水准的锋线。当然这都不是最可怕的，皇马在2016年多次出现危机，屡屡爆发伤病，但是总能化险为夷，除了强大的首发，他们还拥有可谓是全世界最豪华的替补。

卡西利亚、瓦拉内、纳乔、达尼洛、科恩特朗、科瓦契奇、J罗、伊斯科、巴斯克斯、阿森西奥、莫拉塔，还有个马里亚诺，这套阵容放在西甲也是欧战水准的。皇马首发是不是世界最强暂且不提，但皇马替补几乎就是世界最强，能与之相比的恐怕只有拜仁了。皇马的板凳有多硬，齐祖的命有多硬。

巴塞罗那

成就：2015—2016赛季西甲冠军、国王杯冠军、西班牙超级杯冠军

主力首发11人（433）：特尔施特根、罗贝托、皮克、马斯切拉诺、阿尔巴、布斯克茨、伊涅斯塔、拉基蒂奇、梅西、苏亚雷斯、内马尔

整个2016年，梅罗之争的格局就是“梅西主内C罗主外”，C罗随皇马获

得了3项国际赛事的冠军奖杯，梅西则随巴萨获得了3项国内赛事的冠军奖杯。整个2016年，巴塞罗那的成绩是44胜6平9负，胜率为75%，夺得三座奖杯，这个成绩其实已经很不错了，只是相比较2015年的辉煌来说显得有些糟糕。这一年，巴萨的阵容与2015年获得五冠王时的主力阵容相比变化不大，除了布拉沃和阿尔维斯在夏天离开，特尔施特根和罗贝托占据主力位置，其他位置的人员几乎没有变动。MSN依然保持着世界最强的无解水准，但他们至今还没找到一个在关键比赛中可以委以重任的替补，这也一直暴露着巴萨替补实力不够强的问题。图兰和拉菲尼亚是本赛季发挥不错的巴萨替补，后防线引进的乌姆蒂蒂目前看来则是巴萨最成功的一笔引援。

巴萨的主力阵容依然是世界最顶级的水平，但是巴萨2016年4月的崩盘需要引起球队足够的重视，依靠一套阵容打天下，在多线作战的情况下有着巨大的潜在隐患，板凳厚度将会决定球队在多线作战的情况下能够达到怎样的高度。

意大利国家队

成就：2016年欧洲杯八强

主力首发11人（352）：布冯、巴尔扎利、博努奇、基耶利尼、弗洛伦齐、帕罗洛、德罗西、贾凯里尼、德西利奥、埃德尔、佩莱

欧洲杯八强的成绩，对于意大利这种级别的球队来说根本算不上什么成就，但是结合意大利队的阵容实力以及他们踢出来的比赛场面，孔蒂教练在本届欧洲杯取得的成就绝对是伟大的，甚至可以说，孔蒂是2016年的年度最佳教练。后防线上，孔蒂把自己在尤文时打造的BBBC防线移植到了意大利，不老的布冯，稳健低调的巴尔扎利，作风强硬还可以参与定位球进攻的基耶利尼，在皮尔洛身后多年偷师长传绝技的“超后置大脑”博努奇，还有那个因段子而被忽视多年的世界级后腰德罗西，意大利的混凝土防守让进攻天才云集的比利时和西班牙都无计可施。两个边翼卫则是来自米兰和罗马的年轻球员德西利奥和

弗洛伦齐，年过30岁的贾凯里尼和帕罗洛依然能组成完美球队中场，埃德尔和佩莱虽然是意大利21世纪以来名气最小的锋线组合，但擅长奔跑的埃德尔和身材高大的佩莱互补，两个人都有着不错的发挥。这支意大利在1/4决赛与德国上演了一场史诗之战，最终惜败在点球点，但是如果德罗西能够登场，意大利也许能取得更好的结果。

球队名气不大，但极难被打败，战术执行能力堪称世界最强，孔蒂的意大利和西蒙尼的马竞基因相似，二人已经是这一代主帅中站在巅峰的佼佼者。

法国国家队

成就：2016年欧洲杯亚军

主力首发11人（4231）：洛里、萨尼亚、科斯切尔尼、乌姆蒂蒂、埃弗拉、马图伊迪、博格巴、穆萨·西索科、格列兹曼、帕耶、吉鲁

2016年的欧洲杯，法国队本土作战，群星云集，即便阵中没有欧冠冠军成员瓦拉内和本泽马，球队板凳上依然有坎特、马夏尔、科曼、卡巴耶、拉米这些实力强大的球员。法国队一路强势杀进决赛，虽然最终惜败葡萄牙，但这支法国队依然在这届欧洲杯上绽放了光芒。洛里、萨尼亚、科斯切尔尼、拉米、埃弗拉都是经验丰富的防守球员，淘汰赛顶替拉米出任中卫的乌姆蒂蒂虽然年仅23岁，但发挥稳健的他一跃进入了未来足坛顶级后卫的序列。中场的马图伊迪、坎特以及后来进入首发的穆萨·西索科都展现了黑叉硬的风采，只是博格巴的发挥相比他的身价和外界的期望，略有些逊色。帕耶和吉鲁这两位英超球员都有着惊艳的表现，分别打进3球，格列兹曼更是打进5球，包揽最佳球员和最佳射手的荣誉，在这一年成为足坛最强的地球人。

这支法国队后场有老将压阵，又有新人补充，中场有当世最强的铁腰群，前场更是球星云集，2016年的功亏一篑会带给他们更三富的经验和教训，2018年的世界杯，法国队绝对是争冠热门。

葡萄牙国家队

成就：2016年欧洲杯冠军

主力11人（442）：帕特里西奥、格雷罗、丰特、佩佩、塞德里克、威廉·卡瓦略、雷纳托·桑谢斯、安德烈·席尔瓦、若昂·马里奥、纳尼、C罗。

2016年的欧洲杯，葡萄牙以90分钟1胜6平的战绩夺冠，尤其是小组赛三连平以小组第三的身份出线时，几乎没有人看好他们的前景。但是葡萄牙主帅桑托斯及时地调整阵容扭转了颓势，桑托斯首先对后防做出调整，30岁的右后卫维埃利尼亚和38岁的中卫卡瓦略被替换，取代首发位置的是南安普顿后防球员塞德里克和丰特，丰特与佩佩的中卫组合在淘汰赛立竿见影，葡萄牙4场淘汰赛只失一球，而他们小组赛3场就丢了4个。中场方面，启用小将桑谢斯更是桑托斯的妙招，这位小将不仅在最后三场全部首发并贡献进球，还在年底荣膺金童奖。此外，桑托斯派上的替补球员更是屡建奇功，夸雷斯马替补登场加时绝杀克罗地亚，埃德替补登场加时绝杀法国。锋线上，纳尼与C罗分别贡献3球，昔日曼联双星都已是阵中老将，纳尼不负众望，C罗场上场下都是一名优秀的队长。

一路调整和修补阵容，及时调整防线，桑托斯展现了他的魄力，葡萄牙也终于在2016年圆梦世界大赛。相比世纪之交葡萄牙的黄金一代，这支葡萄牙队成功了，既以英雄之名，更以团队之名。

足坛吉尼斯，2016年的100个纪录

2016年，有很多纪录被刷新，有很多历史被创造。2016年，为他们喝彩！

历史性突破

莱斯特城历史上第一次英超夺冠

葡萄牙历史上第一次欧洲杯夺冠

巴西男足历史上第一次奥运会夺金

德国女足历史上第一次奥运会夺金

亚洲球队（鹿岛鹿角）第一次杀进世俱杯决赛

曼城历史上第一次进入欧冠四强

越南历史上第一次进入世青赛正赛

最快纪录

本特克创造世预赛历史最快进球纪录（8.1秒）

内马尔创造奥运会历史最快进球纪录（15秒）

西科拉创造欧联杯历史最快进球纪录（10.69秒）

贝尔创造皇马欧冠历史最快进球纪录（57秒）

路易斯创造欧冠历史最快染黄纪录（12秒）

罗歆创造中超历史最快染红纪录（104秒）

年轻纪录

佩莱格里创造意甲最年轻出场纪录（15岁280天）

桑谢斯创造欧洲杯决赛历史上最年轻出场纪录（18岁326）

张玉宁创造国足首秀即进球最年轻纪录（19岁4个月29天）

伍德伯恩创造利物浦队史最年轻进球纪录（17岁45天）

阿森西奥创造皇马欧战决赛最年轻进球纪录（20岁201天）

拉什福德创造曼联欧战进球最年轻纪录（18岁117天）

拉什福德创造曼联英超首秀进球最年轻纪录（18岁120天）

拉什福德创造英格兰欧洲杯最年轻出场纪录（18岁228天）

金斯利·科曼创造法国世界大赛最年轻出场纪录（19岁362天）

维尔纳创造德甲百次出场最年轻纪录（20岁205天）

普利西奇创造连续两轮德甲进球最年轻纪录（17岁7个月5天）

蒂尔成为五大联赛历史上第一位出场的00后球员

摩西·基恩成为欧冠历史上第一位出场的00年后球员

欧洲杯专场

威尔士首次杀进欧洲杯四强

冰岛首次杀进欧洲杯八强

英格兰世界大赛首次半场落后逆转

欧洲杯决赛第一次90分钟内战成0：0

埃德第109分钟的进球是欧洲杯决赛史上最晚的首开纪录

西班牙队创造的欧洲杯连续不失球纪录被定格在734分钟

布拉迪在1/8决赛爱尔兰对阵法国的比赛中第118秒罚进点球创造最快点球进球纪录

意大利在对阵比利时的比赛中首发阵容平均31岁169天，这是欧洲历史上的“最老首发阵容”

基拉伊创造欧洲杯历史上出场最年长纪录（40岁零74天）

球队专场

巴黎创造五大联赛最快夺冠纪录（提前8轮）

巴塞罗那创造队史各项赛事不败纪录（39场）

皇家马德里创造队史各项赛事连续不败纪录（37场）

皇家马德里创造队史连胜纪录并追平西甲连胜纪录（16场）

多特蒙德创造欧冠小组赛进球纪录（21球）

切尔西创造队史英超最长连胜纪录（11场）

拜仁慕尼黑创造德甲单赛季最少失球纪录（17球）

莱比锡创造德甲升班马开局不败纪录（13场）

桑德兰创造英超历史最差开局纪录（10轮2分）

拜仁慕尼黑创造欧冠主场连胜纪录（15场）

苏格兰业余联赛球队东基尔布莱德创造世界连胜纪录（27场）

马赛成为参加法甲比赛场次最多的球队（2369场）

尤文图斯成为第一支跨赛季意甲主场25连胜的球队

塞维利亚成为第一支完成欧联杯三连冠的球队

皇家马德里成为第一支连续20个赛季参加欧冠的球队

2015—2016赛季意甲第34轮国际米兰VS乌迪内斯，意甲历史上第一次出现双方首发22人全部是外籍球员的情况

2016—2017赛季欧冠小组赛多特蒙德VS华沙军团，8：4的比赛创造欧冠单场总进球数纪录

门将专场

布冯创造意甲最长的连续不失球纪录（974分钟）

卡西创造球员个人欧冠总胜利场次纪录（97场）

布冯、卡西创造欧洲球员国家队出场纪录（167场）

迭戈·阿尔维斯创造西甲门将扑点球纪录（19次）

德赫亚创造门将正式比赛首秀后连续不失球场次纪录（5场）

纳瓦斯追平欧冠单赛季零封纪录（9场）

奥布拉克追平西甲单赛季最少失球纪录（18球）

诺伊尔创造德国国家队连续零封场次纪录（5场）

诺伊尔追平德国门将欧冠零封场次纪录（33场）

切赫成为欧洲杯历史上丢球最多的门将（21球）

吉文成为英超最年长乌龙球员（40岁129天）

射手专场

伊瓜因创造意甲单赛季进球纪录（36球）

伊布创造巴黎单赛季联赛进球纪录（38球）

莱万成为39年来首位德甲赛季进球达到30的球员（30球）

凯恩成为16年来首位获得英超金靴的英格兰球员（25球）

巴西女足前锋克里斯蒂安妮创造奥运会女足球员进球纪录（14球）

阿德里亚诺追平亚冠单赛季进球纪录（13球）

其他纪录

博格巴创造足球运动员转会费用纪录（1.05亿欧元）

奥斯卡创造中超引援转会费用纪录（6000万英镑）

鲁尼创造英格兰非门将成员出场纪录（119场）

巴里创造英超球员首发次数历史纪录（587场）

施魏因斯泰格成为在欧洲杯、世界杯上出场次数最多的球员（38场）

郑智追平李明保持的中国顶级联赛夺冠纪录（8次）

拉姆创造德国球员欧冠出场纪录（109场）

马克西·佩雷斯成为乌拉圭队史出场次数最多球员

马斯切拉诺创造巴萨最长非门将球员不进球纪录

梅西专场

成为阿根廷历史最佳射手（57球）

成为欧冠主场历史最佳射手（51球）

成为欧冠小组赛历史最佳射手（55球）

成为西甲主场历史最佳射手（187球）

成为欧洲联赛历史上为同一支球队进球第四多的球员

首位在200场不同的西甲比赛中进球的队员

梅西创造有记录以来西甲助攻纪录

梅西成为西甲进球为球队赢得积分最多的球员

梅西美洲杯替补帽子戏法成为阿根廷队史第一个正式比赛的替补帽子戏法

梅西在欧冠9次攻破阿森纳球门创造欧冠一名球员攻破同一个对手的纪录

C罗专场

并列欧洲杯历史最佳射手（9球）

成为马德里德比历史第一射手（18球）

成为欧冠淘汰赛历史第一射手（42球）

成为欧冠直接任意球破门第一人（12球）

成为欧冠淘汰赛出场次数第一人（61场）

首位欧冠单赛季三次上演帽子戏法的球员

首位连续两个赛季欧冠进球15+的球员

首位四届欧洲杯决赛圈都有进球的球员

首位三次出战欧洲杯半决赛的球员

首位两届欧洲杯分别进球达到3个的球员

首位欧洲杯出场达到20+的球员

首位连续六个赛季俱乐部进球50+球员

后记

球迷的世界，往往让那些不爱足球的人很难懂。

他们不懂为何有些作息规律的人，会在凌晨三四点起床看球；他们不懂为何主队一场关键性失利之后，会让人唉声叹气很多天，甚至觉得“生无可恋”；他们不懂为何主队一场大逆转之后，会让平时很注重仪态的人毫不顾及形象地疯狂庆祝。

球迷就是这个星球上最大的一群“疯子”，因为他们，让这个有些冷酷的社会变得可爱多了。本书的出版，正是为了致敬这么一群疯子。

本书的推出，恰逢直播吧创建十周年。这绝非有意为之，我更愿意称之为上天赐予的礼物。

说实话，我此前从来没有过出书的想法，但当2016年年底南方日报出版社的编辑主动联系我，说想共同打造一本足球类书籍时，我不假思索就答应了下来。

十年来，直播吧一直在埋头往前跑，一步一步从一个默默无名的小网站，变成了目前国内最大的体育垂直网站和APP，拥有了数千万忠实用户。

但这十年因为太过忙碌，我们很少抬头看看星空，细细品味总结这些年的得与失，本书的出版，正好提供了这么一个机会，为直播吧在足球方面的成果做了很好的汇总。

直播吧的成长，离不开一大批优秀作者的辛勤付出。正是他们的文字，为直播吧吸引了越来越多的用户。本书正是这一批优秀足球类文章作者集体智慧的结晶，他们是：二二、小二、井中月、油炸丸子、心如晴空、Mselin、弗浪cool、小刀、杨枪、二怪、勇者阿甘……再次感谢他们，愿他们的文字，随着本书的出版，被更多的人看到，为更多的人点燃心中对足球的激情。

足球的世界，从来就是充满争议，这也是足球最吸引人的地方之一。本书也同样如此，书中的一些观点和看法，很难为所有人所认同，权作读者茶前饭后消遣一读，如能让读者有所收获，则本书就有了价值，如再能引起读者爽朗一笑，则本书就有了天大的功德，我们也会深感欣慰。

由于时间仓促和编著者水平有限，书中难免会出现一些差错，还望广大读者批评指正。

直播吧主编　张松浩

2017年3月19日于厦门